协同创新中心系列丛书

本书为浙江旅游职业学院协同创新中心研究成果

休闲文化与旅行之近百年变迁

李成军　韦小良等　编著

上海交通大学出版社
SHANGHAI JIAO TONG UNIVERSITY PRESS

内容提要

本书试图以《申报》《大公报》《上海新报》等近代期刊，《清稗类钞》等清代人文献汇编作为文献来源，以休闲活动展开媒介或载体之不同，对于近代百年休闲文化与旅游发展进行梳理，在学术性基础上做到通俗性，使之具一定可读性。以媒介或载体的不同，本书主要选择视听与休闲、社交与休闲、传媒与休闲、节庆与休闲、时尚与休闲、娱乐与休闲、旅行与休闲、饮食文化与休闲等方面进行分析。

图书在版编目（CIP）数据

休闲文化与旅行之近百年变迁 / 李成军等编著 . --
上海：上海交通大学出版社，2021
ISBN 978-7-313-24628-8

Ⅰ. ①休… Ⅱ. ①李… Ⅲ. ①社会生活—历史—研究—中国—清代 Ⅳ. ① D691.9

中国版本图书馆 CIP 数据核字 (2021) 第 022398 号

休闲文化与旅行之近百年变迁

XIUXIAN WENHUA YU LVXING ZHI JIN BAINIAN BIANQIAN

李成军　韦小良等 编著

出版发行：上海交通大学出版社　　地　址：上海市番禺路 951 号
邮政编码：200030　　电　话：021-64071208
印　刷：广东虎彩云印刷有限公司　　经　销：全国新华书店
开　本：710mm × 1000mm　1/16　　印　张：17.25
字　数：170 千字
版　次：2021 年 10 月第 1 版　　印　次：2021 年 10 月第 1 次印刷
书　号：ISBN 978-7-313-24628-8
定　价：128.00 元

前　言

休闲是“从文化环境和物质环境的外在压力下解脱出来的一种相对自由的生活，它是个体以自己所喜爱的、本能地感到有价值的方式，在内心之爱的驱动下的行动”。[①] 可以说，休闲作为一种社会生活状态，是个人生命中一种不可或缺的状态，也是人类发展过程中不可或缺的活动，是随着人类生产力水平的提高，必要的强迫性劳动时间和休闲时间界限清晰后而出现的一种现象。

在20世纪60年代以前，西方社会对休闲的关注主要限于城市休闲现象、休闲在日常生活中的意义、运动与休闲等一般性的问题。开始尝试建立休闲学的分析框架，主要著作如凡勃伦1899年发表的《有闲阶级论》。

60年代以后，分析框架逐渐成熟。休闲研究的重点开始由对休闲现象的关注转向了从哲学、心理学和社会学等角度对休闲现象进行更加理论的分析和探讨。如伊利诺伊大学教授约翰·凯利的《走向自由——休闲社会学新论》，曼内尔（Man-

① [美] 托马斯·古德尔，杰弗瑞·戈比．人类思想史中的休闲[M]. 昆明：云南人民出版社，2000：11.

nell, R.C.）的《休闲和旅游体验的心理学本质》(1987) 等。

国内学者对休闲的全面关注则起始于20世纪90年代。有关休闲文化研究主要集中在休闲文化概念、休闲文化特征、休闲哲学研究等话题。就休闲文化界定而言，主要有以下几种观点：其一，从“实然”内容出发界定休闲文化。如刘子众（2003）认为，“休闲文化”是指与“休闲”密切相关的一切人类活动及其表现，它包括休闲的方式与内容、休闲的民族特色、休闲的作用和功能、休闲的历史走向等等。其二，从休闲的“应然”内容出发界定休闲文化。“应然”的界定探讨的是休闲文化的理想状态，未发生的状态，与事实状态有一定距离。如马惠娣（1998）指出，休闲文化是将休闲上升到文化范畴，指人在闲暇时间内不断满足人多方面需要而处于文化创造、文化欣赏、文化建构的一种生命状态和行为方式。

以上对休闲文化的界定有几个共同点：其一，都试图从文化角度来界定休闲。其二，都试图通过揭示休闲文化的内容来阐述休闲文化。但总体而言，问题就在于这些界定都难以区分休闲与休闲文化。本书认为，休闲与休闲文化的最主要区别在于，休闲可以指个体活动也可以指群体活动，而休闲文化则主要是一定群体在特定历史背景下由于长期文化沉淀所形成的较稳定休闲方式及其特征的总和，包括制度层面、观念层面、行为层面、物质层面等方面特征的总和。因此，休闲文化相对于休闲主要有两个方面的特点：其一，群体性，即指的是社会群体的活动及其特征总和；其二，稳定性，指一定历史时期，一定的地域，休闲文化具有一定的同一性。据此，本文认为休闲文化指在特定历史时期中由于特定文化背景中所形成的较稳定的休闲的方式及其特征的总和。

近代以来，中国经历了百年沧桑巨变。在这百年的历史中，随着西方政治、经济、文化势力进入中国，中国社会发生了剧烈的变动，中西各种社会文化因素的相互交流与碰撞，带来了许多色彩斑斓、令人目不暇接的新事物，以往的闭关锁国转为面向世界。尽管是被迫的开放，但带来了视野的开阔，带来了人们生活观念的新转变，休闲观念的新转变。随着西方思想的引入，西式的生活方式以及休闲思想和观念被引入中国，甚至引为时尚。使近代人开始重视自身，社会生活和文化观念方面发生了前所未有的变化，原来传统休闲观念被一种新的近代意义上的休闲观代替，并体现在社会生活的各个方面。

旅游是休闲活动的一种。近代，随着大门的打开，一些学者或官员开始走出国门看世界，他们是最早一批出境旅游者。在旅游的同时，他们承担着了解西方文化，传播西方文化的重任。之后，随着国内沿海城市的发展，出现了一批具有一定旅游消费能力的社会阶层，除洋人外，其他还有政府官员、高校教授、记者和城市工商业者、企业家等群体。随着旅游需求的出现，旅游景区、度假区、游乐园开始出现，由此出现了中国近代旅行社，出现了近代意义上的包价旅游活动。

对于近代休闲文化的百年变迁的梳理，有一些科普读物有所涉及，主要有2000—2002年，由江苏美术出版社出版了一套《告别二十世纪丛书》，其中与休闲有关内容包括《百年风俗变迁》《百年生活变迁》《百年娱乐变迁》等。该丛书主要以图文并茂形式对娱乐、风俗、生活等方面的近百年发展演变进行描述。该套丛书为科普读物，其受众主要为一般读者，其内容对于休闲文化的近代变迁有所涉及，但并不完整。

本书试图以《申报》《大公报》《上海新报》等近代期刊，《清稗类钞》等清代人文献汇编作为文献来源，以休闲活动展开媒介或载体之不同，对于近代百年休闲文化与旅游发展进行梳理，在学术性基础上做到通俗性，使之具一定可读性。以媒介或载体的不同，本书主要选择视听与休闲、社交与休闲、传媒与休闲、节庆与休闲、时尚与休闲、娱乐与休闲、旅行与休闲、饮食文化与休闲等方面进行分析。本书认为，近代休闲文化与旅游之百年变迁的核心是休闲文化的近代化。本书所谓休闲文化的近代化主要围绕以下方面展开：其一，休闲品味的大众化。在农村自然经济条件下，农民的休闲主要在于打发农闲时间或获得身体的自然休息，社会占主导地位的是社会统治阶层及文人士绅集团的琴棋书画、诗歌等高雅休闲方式。近代工商业的发展在很大程度上推动了市民休闲方式的多样化，并使市民休闲文化逐渐成为社会的主导休闲文化，从而促进社会休闲品味的大众化。如市民文学、时尚等对休闲的影响等。其二，休闲空间的公共化。近代休闲空间，已不再局限于家庭、家族、邻里、村社，而是更加社会化、市场化，更多地在商业化的公共空间里进行。由此，大量依托常设公共休闲娱乐场所的休闲方式得到发展。如剧院、博物馆、电影院对休闲文化的影响。其三，休闲时间的固定化。城市大商业或大工业的组织方式，改变了人们在自然经济状态中，作息时间的分配受制于自然节气、生态条件等不定因素的混沌状态，使劳动时间和闲暇时间的区分明晰化、固定化，如定时工作制的出现和礼拜天休息等。这使得休闲娱乐活动作为普通百姓日常生活的经常性活动成为可能。其四，休闲活动方式的西化。近代以来，传统休闲文化与西方休闲文化逐渐融合，形成了许多中西合璧的休闲方式。

本书试图以近代化视角为出发点，揭示近代休闲文化变迁的内在逻辑。这种近代化主要受到近代经济发展、观念变化以及工作制度的变化等方面因素的影响。

一、近代经济发展与休闲

休闲是一种建立在一定经济基础之上的摆脱了物质压力后的生活状态。鸦片战争后的中国，首先感受到的是一种经济的变迁。由于市场的对外开放，对外贸易迅速增长，开放口岸首先发展起来，如长江口的上海，属于江、浙富庶之区，接近物资丝绸和茶叶生产地和出口地，同时是国内南北海运的中间站，许多外商及其雇佣的买办蜂拥而至，开设洋行，最先发展成为新兴的近代化城市。近代中国城市的发展速度是惊人的，一个开埠时来过中国的英国人 1848 年重来上海时："使我惊异的是江南的外观，我曾听说上海已经建造了许多英美的洋行，我上次离开中国时，的确有一两家洋行正在建筑；但是现在，在破烂的中国小屋地区、在棉田及坟地上，已经建立起一座规模颇巨的城市了。”①

第二次鸦片战争以后，又一批较大的通商口岸发展起来，一些重要商埠又开辟了一批租界，外国商民纷纷在通商口岸设立商行，如天津的紫竹林租界聚集了英国皇家四大行：怡和、太古、仁记、新泰兴商行，汉口也是一个中外商民云集、商务繁盛的重要通商城市。广州、厦门、宁波、烟台、镇江、九江等地的租界也云集了众多的洋行、教堂、娱乐场所等，成为在华西人的活动基地，也成为洋人与华人进行商业贸易和文化交流的重要集中地。甲午战争前后因为洋务运动已历经 30 多年，社会物质环境发生的变化带动了生活的种种变化。这种种变化对中国的社会生活产生了重要的影响，城市自然也成为具有浓厚的商业气息的近代休闲文化的重要发源地。伴随着城市中出现的社会分工，休闲时间与工作时间的划分首先出现在城市，自由工人大量出现，这标志着社会自由元素的增加，传统的社会等级观念逐渐淡薄。自由是休闲的重要前提，也是休闲的一个重要特征。近代城市经济的发达为休闲的自由选择奠定了经济基础，也必然带来观念平等的进一步发展，带来人身的进一步自由和某种程度的真正平等，传统的社会等级观念逐渐淡薄，对外开放，扩大了人们的视野，追求更高层次的生活享受

① 卢汉超 . 上海史研究（二版）· 西方物质文明在近代上海 [M]. 上海：学林出版社，1988:26.

成为一种必然，这决定了近代意义上的休闲与旅游活动必然在城市中首先产生。这些沿江沿海城市的出现为休闲与旅游活动的出现提供了必要的场所；城市经济的发达，为休闲与旅游活动的出现提供了物质的保障；城市中的有闲人群自然成为鸦片战争后的第一批休闲人群。

随着城市商品经济的发展和市民阶层的扩大，城市娱乐迅速发展，上海的大世界、南京的夫子庙、北京的天桥、济南的大观园、天津的北开、武汉的民众乐园等等都成为商业聚居地，也成为具有现代化气息的综合游艺场。城市的近现代化和市场经济化的发展推动了新一代文化市场的发育，改变着雅文化与俗文化的传统定势。文化消费不再是文化精英的特权，也成为平民百姓的日常生活需求。现代工业和城市文明造就的市民消费阶层，其趣味选择也影响了文化市场的取向。虽然近代文化具有浓厚的市民气息，但并不等同于以前的市井文化或乡俗文化，而是一种与城市生活直接相关、具有鲜明的现代气息的大众文化，其中追求休闲成为近代城市文化的重要内容之一，是百年近代休闲文化的主要构成，在一定限度内体现了当时社会的一种文化需求。

二、近代观念变化与休闲

社会观念的微妙变化是影响近代休闲方式的重要因素。随着租界的设立，出现了中西文化交流、中外商务繁盛之地，形成了对中国近代社会生活发生了重大影响的租界制度，中国社会的变化向来是自上而下的改变，人们的生活观念也往往是受社会精英的影响而发生变化。只不过到了近代，所谓的社会精英已经由以往的文人士大夫开始被经济精英所取代。

众所周知，中国几千年来长期以来以儒家思想为主导思想。在中国儒家思想中，一切休闲与旅游活动及其意义在很大程度上取决于“情”与“性”的关系。在很多儒家思想家看来，情与性相对，性本善，而情主恶，因而情是需控制的对象。当然，也有人主张性情皆有善恶。一般说来，除玄学特例外，儒家认为情不能任其自然，而要循性以礼而发。由此，儒家认为休闲非情欲的满足，而是在克制情欲基础上对礼或理的遵循，休闲体验侧重对内在之善性的涵养与发挥。另外，在儒家思想中，休闲体验在很大程度上与“身”“心”两者关系有关。在中国儒家思想中，“身”不是七尺之躯，即为私我所独具之有限生物躯体，在很大程度上是标识人之伦理存在的符号。自孟子以来，儒家非常重视“心”的作用。受禅宗影响，儒学越来越向内转，道德自主性逐渐转向为人之内在善性的体认、涵养。由此，心的活动受到空前的重视。由此，就身心关系而言，儒家休闲体验更加注重对“心”之颐养，而不是身体之放纵。

深受儒家思想的影响，中国传统休闲方式注重心性陶治，如品茶、饮酒、欣赏字画、看戏、把玩古玩等闲静的活动，被认为是具有品味的休闲与旅游活动。传统的主流观点是不主动提倡享乐休闲，认为“生于忧患，而死于安乐”，一个人成功的先决条件是:“故天将降大任于斯人也，必先苦其心志，劳其筋骨，饿其体肤，空乏其身，行拂乱其所为，所以动心忍性，曾益其所不能。”（《孟子·告子下》）。近代以来，随着儒家思想的近代转换，情欲开始被正视，欲望的满足不再被视为可耻，满足身体和心理各种欲望的休闲与旅游活动开始被视为正当。如梁启超认为，就当时中国社会而言，要摆脱落后挨打局面，实现国富民强，则不得不言“利”，就需要改变儒家讳言利的局面。[①] 在这种思想背景下，当经济上的发展给近代人带来享受之后，对于休闲生活的追求很快便扩散到社会各阶层的人群中。社会文化的精英角色由思想精英到经济精英的变化，带来了价值观的渐趋多元，“万般皆下品，惟有读书高”的价值观和“朝为田舍郎，暮登天子堂”奋斗之路不再是近代人羡慕的唯一成功模式，许多人开始投身近代工业，成为中国首批企业家阶层，如绅商就是典型的代表。这些观念的变革使近代休闲生活的出现成为可能，原有的上层文化和下层文化之间的差距因为经济平等原则的部分适用而相对缩小，一种适用于各阶层的休闲观开始萌芽发端，各种休闲方式开始发展起来。

三、近代工作制度的变化与休闲

经济的发展和观念的变化为休闲的产生从创造了必要条件，而近代工休时间的变化则从制度上保证了休闲生活方式的真正实现。中国传统历法没有七日一休息的概念，而根据农

① 梁启超．梁启超全集·乐利主义泰斗边沁之学说 [M]. 北京：北京出版社，1999:1045.

业社会生产、生活的需要安排作息。传统一家一户的小农生产，自耕自食，自织自穿，劳动特征之一为机械地跟随太阳的出没自然运转，每天日出而作，日入而息，每年根据春耕秋收将时间分为农闲和农忙两大段，时间观念不需严格科学性，时间单位也以不精确的更来记，一夜分五更，一更约两小时，甚至用天亮、黑天、日头偏西、吃顿饭、抽袋烟的工夫来约略估算。所以传统的生产生活节奏缓慢，不精确，生活方式松懈散漫，生产和生活界限无需严格分界，时间刻度清晰意义不大。所以中国古代天文学最发达，却未能最早把计时准确的机械钟表运用到生产和生活上。作为计时工具，钟表在十八世纪末在英国已普及到家家户户，但在中国到十九世纪末依然是皇室和权贵的奢侈品，甚至做成纽扣缝在衣服上摆阔气，所以故宫博物院荟萃了十八、十九世纪的天下名表，作为玩意儿收藏，却没能将这一先进的计时工具运用在最有实用价值的生活与生产中。近代中国最著名的启蒙思想家龚自珍还把钟表归入奢侈品一类，作为抨击清政府腐败的证据。由这一细节不难看出在工业文明尚未照临的小农社会，中国人时间观念十分淡漠，有效利用时间创造财富尚不可能，自然也不能理解工作与生活的区别，不能理解休闲的意义，也不能享受工作之余的休闲。

但是随着门户开放的步步进行，特别是到了戊戌变法前后，中国人终于承认自己不如人，开始取西人之长补自己之短，包括在作息规律上，如1897年3月13日的《申报》中文章便提道：“西人未尝不喜逸，而一日之内，晏安者有定时；一礼拜之内，游息者有定期。”当时全国各地成立了许多学会，部分学会用西方星期的概念组织活动，就把七日一休息的时间观念传输进来。一些新式学堂也规定星期日不上课，开始推行公休日制度。1902 年清政府在教育界确认了这一制度，以后逐步推广到全国。新的时间观念还包括年代（10 年）、世纪（100 年）概念的使用，近代工作制度的变化直接带来了休闲生活的出现。

这种变化，是近代中国艰难前进每一步的必然结果，也是近代工业的出现使得资金、技术、人才大量集中于城市的结果，这使城市的结构、功能发生了显著的变化。城市开始从传统的以政治、军事功能为主转向以生产、消费功能为主，由单一功能逐渐转向多功能，并逐渐在经济上取得了对周围农村的支配地位。城市发展最明显的特征之一是引发了一系列现代职业的诞生，如制造业、银行业、邮政业、新闻出版业等，这些职业增加了就业机会，进一步增强了城市吸纳能力。大批农村剩余劳动力涌入城市，进入工厂，成为新兴产业工人，分工协作的作业方式使他们改变以往“日出而作，日落而息”的农村生活方式，而逐渐用科学一致的时间单位来调节作息，即开始了现代意义上的作息制度，如上下班制、星期日休息制等，这种作息制度逐渐融入到了城市生活中。《礼拜六》发刊词说每天大家都要从事职业，只有礼拜六才能有休暇读小说，这便是作息制度西化的影响。对这类新生事物存在过程在时间上的具体切分，是工作职业化的一个明显标志。清晰的时间观念渐渐由工作中的重视转为日常生活中的习惯："腰悬小表转金轮，巧比铜壶刻漏真。相约只凭钟几点，不劳子午标时辰"①。时间观将工作与休闲的界限明确化，作为一种工作之余的行为，休闲与旅游活动的出现使必要的强迫性的劳动时间和劳动之余的休闲时间之间的界限越发清晰，职业化工作的出现，为休闲确定了一个时间上的范围，其自身特征越发凸显。除此之外，后来随着现代交通工具的发展，人们的时间观念也发生了很大的变化："计时之器，仅有日晷仪，用者亦不多，购买外洋钟表者尤为稀少，自轮船、火车通行，往来有一定时刻，钟表始盛行。"② 这些为社会生活带来了新的风气，也无形中推动了人们尊重生命、享受生活意识的形成，直接带来了休闲生活的出现。

可以说，近代经济发展、观念变化以及工作制度变化等成为推动休闲与旅游活动发展的现实因素，成为型塑其近代变迁主要特征的主要因素。也只有从这些因素出发，才能真正理解休闲文化与旅游业发展的内在动力与运行逻辑。这一点对于思考当前的休闲文化与旅游业的发展仍具有重要的启发意义，如难以全面落实年休假仍然是困扰当今中国旅游业发展的重要因素，而年休假难以全面落实可能与中国世界第一制造业大国的身份密切相关。如何立足中国国情，完善相关政策，这些都是

---

① 邗江词客. 沪游竹枝词 [N]. 上海：申报 1874-6-11.

② 转引自陈旭麓. 陈旭麓文集（第一卷)[M]. 上海：华东师范大学出版社，1996：370.

未来推进休闲与旅游业发展需要进一步深入研究的课题。

本书为浙江旅游职业学院协同创新中心研究成果。该协同创新中心意在对当前休闲与旅游业发展的一些热点问题进行研究，尤其试图对文旅融合背景下休闲与旅游业发展的相关理论与政策展开研究。本书通过对近代百年休闲文化与旅游发展演变进行梳理，为相关系列研究的重要内容。

本书为集体研究成果，其中，李成军负责完成绪论、第一至第三章的撰写，王晓光负责第四至五章，倪淑颖负责第六章、韦小良负责第七章、柳佩璐负责第八章撰写。另外，在撰稿过程中得到浙江旅游职业学院校长杜兰晓、协同创新中心负责人朱倩倩、酒店管理学院院长卢静怡、厨艺学院院长金晓阳以及何宏教授等人的大力支持。此外，刘庆安博士提供了部分资料，在此一并表示感谢！

目　录

第一章　视听与休闲

与娱乐行为相伴随是休闲的重要特色之一，其中声色之享是休闲的主要内容之一。

第一节　新电影

近代以来，异域的新生事物引起了国人的巨大兴趣，开阔了国人的视野，许多新事物出现之后，便在国人眼中成为一种休闲娱乐的方式。电影便是一种对近代中国人影响巨大的休闲方式，其一出现，便受到大众的青睐。

1885 年，一位环球游历归来的华商在上海格致书院，将自己带回来描绘沿途各国景象事物的图片用幻灯机自演影戏，并当场自行解说，连演多天，大受欢迎。据记载，每次演出，能容纳百人的格致书院大堂内都是“观者云集，后来者至以不得容足为憾”，“后至者皆坐中庭芦棚下”①。这不仅仅是人们热衷观看影戏的体现，也是对于新鲜事物渴求的一种体现，是近

---

① 观影戏后记 [N]. 上海：申报，1885-11-25.

代人对于自己身心愉悦满足的一种重视。

电影很快作为各大城市的娱乐方式之一，进入了公众的视野，成为媒体关注的对象之一。1905 年，北京出现了第一座电影院——平安电影院。该影院由美国人经营，主要放映些侦探片、滑稽片等，“片子内容无非是一艘大轮船自烟波浩渺处开来，越开越近；可看到乘客的活动，及熙熙攘攘、上上下下的场面。其实，观众只需看到这些动态，已觉得无比新奇满足了。又有所谓滑稽片，也无非是一个闯祸者逃跑，人们和警察一起追捕，闯祸者在慌忙中撞倒了行路人，撞翻了小贩的货摊，等等。祸越闯越大，行人和小贩协助追拿，终于把这闯祸者抓到。这闯祸者做出许多丑怪乞怜相，观众为之哈哈大笑，认为很是滑稽，带着满意的心情离场而去”①。中国最初拍摄的影片也迎合了人们喜好戏曲的心理。1905 年以后，京剧《定军山》等影片首先在北京大栅栏影戏园、吉祥戏院和其他城市放映，受到人们的欢迎。

西单市场的文明茶园也是北京最早的电影放映场所之一。此外还有前门外小椿树胡同的平顺电影、前门外大栅栏的三庆园、东安市场的吉祥园、西城护国寺街的和声园、西单口袋胡同的新丰园、西四西安市场的西庆轩茶园，等等。电影的放映内容也与平安、大观楼相似。1928 年的《电影月报》刊登了一篇名为《电影在北平》的文章，其中写道：“近来电影事业发达，北平也旋入水涡，先后已有十一家电影院成立，每天也有

① 侯希三 . 北京老戏园子 [M]. 北京：中国城市出版社，1996：103.

六七千人消磨在电影场。”[①] 到20世纪30年代中期，北京的电影院已经有三十多家，去电影院看电影已经成为北京市民一种普遍的娱乐休闲方式。与传统娱乐休闲场所如茶楼、戏院的喧嚣不同，电影院让人觉得舒适和安静。

电影作为一种休闲方式，在近代发展的同时，媒体也对之给予了诸多的关注。“电影”一词便是在1905年6月16日被《大公报》首次运用，随后为社会各界所接受和认同，沿用至今[②]。最初，它被当作启蒙自强的工具，如“进化阅报社近于每晚宣讲报章之时，特备电影一具，其所用画篇均由自造，悉绘以印度以及高丽等国灭亡情形。各讲员按图宣讲，借以激起个人自强之机”[③]。直到多年后，媒体也依然不断想借助电影之喜闻乐见，实现其教育启蒙功能，如在《大公报》的作者和编者眼里，西方电影比中国传统戏剧更能使人向善。“中国戏小孩子们看了，坏处很多，好处极少，我也不必细说，明白点的人都知道。那些淫荡不堪的戏，最容易引诱坏了青年的子弟，不用说了，就是那好戏，也不免夹杂着迷信邪说，……人能把爱看戏的心，移在看电影上，保管他有益处。”[④] 北京的开明电影院上映影片的时候，广告也称：“本院不惜重金由西洋购到全

---

① 李微 . 娱乐场所与市民生活——以近代北京电影院为主要考察对象 [J]. 北京社会科学，2005(4)：55-61.

② 活动电光影戏出售 [N]. 天津：大公报，1905-06-16.

③ 刘晓云 . 近代北京社会教育史料汇编 [M]. 石家庄：河北科学技术出版社，2011：15.

④ 佚名 . 看电影大有益处 [N]. 天津：大公报，1909-02-05.

套科学影片，曾经拍演一次，颇蒙社会欢迎，以其能灌输科学常识也。观看影片既能开阔眼界，又能增长学识，机会良好，嗜影诸公，幸勿交臂失之。”① 真光电影院成立时，在广告中也称：“敝院之设原为辅助教助改良社会灌输知识起见，故以性质论之，敝院虽为营业之一种，而设立之初衷，实抱增进国民知识、促进改良社会为宏愿，……本院之设，原为谋社会之进步，求高尚之娱乐起见，对于一切社会教育公益慈善事业等事，莫不特别注重，力所能至，无不尽心竭力，务求至善，不断改良。戏院为公共场所之一，对于人类社会之合群性、公德性以及国家文明之进化、人民道德之高下，在此皆有密切之关系。”②

但是作为电影的主要功能——欣赏功能在电影传入后，很快便被人们认可，前面提及的《电影在北平》的作者就提到，电影院的观众“不仅是崇拜电影，有许多是来解闷的，有许多是来谈话的，也有许多是来找外遇的”。他将人们前去看电影的目的进行划分，认为研究艺术的占 40%，为娱乐的占 35%，为谈笑的占 10%，醉翁之意的占 10%，其他的占 5%。观众“不仅是崇拜电影，研究艺术的人去得多的电影院是平安、真光和青年会；为娱乐的人常去中央、中天、中华和青年会；为谈笑的人常去的是大观楼、明星和城南游艺园；醉翁之意的人常去真光、开明和城南游艺园”。和当时中国另两大城市——

① 广告 [N]. 北京：晨报，1921-3-24.
② 侯希三 . 北京老戏园子 [M]. 北京：中国城市出版社，1996：201.

上海、天津相比，近代北京的电影院在规模和档次上还有些相形见绌。

上海作为近代中国最国际化的都市，接受新事物的速度不可谓不快。1895 年，法国卢米埃尔兄弟（Auguste Lumière、Louis Lumière）发明了无声电影。1896 年 8 月，上海便出现了电影，引进了当时被称为“西洋影戏”的电影。但开始进入中国的电影是作为传统娱乐活动的陪衬而出现的，如 1896 年 8 月 10 日的《申报》广告：“徐园初三夜仍设文虎（灯谜）候教，西洋影戏，客串戏法。”[①]8 月 14 日广告又云：“徐园七夕仍设文虎候教……园内陈设古玩、异果、奇花，兼叙清曲，是夜准放奇巧焰火，又一村并演西洋影戏。”[②]

1905 年，在天津就有欧洲人刊登广告，欲租借电影放映场地。这显然是与启智无关的一种休闲与旅游活动。电影的娱乐功能给世人带来的影响已经远远超过了作为教育工具的影响。1907 年，天津最早的电影院“权仙电戏院”在法租界开始正式接纳观众，尽管票价不菲，但是仍然大受欢迎，吸引了大批观众前来观看。每当电影放映的时候，“车马不绝于道”[③]。

《大公报》不断报道电影为人们消遣娱乐的情况，并大力鼓吹电影之好处，认为：“一个人为学，不可一个劲地刻苦，叫心思呆滞，精神疲困，丢了活泼的趣味。故此，有时候也得歇

① 广告 [N]. 上海：申报 .1896-08-10.
② 广告 [N]. 上海：申报 .1896-08-14.
③ 肖猛 . 天津早期电影放映空间研究（1896—1918）[D]. 天津：天津工业大学，2018(5) .

息歇息，游玩游玩，叫那身体畅快，精神活泼，免得受病。”看电影便不失为一种“与人心思身体有益的”事儿：“电影这一样玩意儿，……美哉！乐哉！20 世纪的人，竟能享这个眼福，真是古人梦想不到的事呀！”看电影的好处是非常明显的，“第一是开眼界，可以当作游历，看看欧美各国的风土人情，即如那名山胜水、出奇的工程、著名的古迹、冷带热带、各种景致、各种情形，至于那开矿的、耕田的、做工的、卖艺的、赛马的、斗力的，种种事情，真如同身历其境，亲眼得见一样”。除此之外，甚至认为：“天津自从权仙（电影院）被灾后，半年多没有电影了，许多的雅道规矩人没有一个消遣的地方。”①

图 1-1　当年权仙电影院广告

① 肖猛 . 天津早期电影放映空间研究（1896—1918）[D]. 天津：天津工业大学，2018(5)：8.

除了北京、上海、天津等大城市，电影也在其他一些城市发展起来。据研究，1898 年，清政府与德国签订《胶澳租借条约》，青岛成为德国殖民地，当年冬天，就有德国电影摄影师来到青岛，拍摄青岛的自然风光和百姓生活。这也是在中国拍摄的最早的纪录片之一，青岛开启了天然摄影棚的历史。这一年距离世界电影发明仅仅三年而已。

在青岛，最早放映电影的地方分别是广西路上的亨利王子饭店音乐厅和中山路上的水师饭店礼堂。1905—1906 年建造完成后，亨利王子饭店音乐厅主要放映德国和其他欧洲国家的影片，后来，音乐厅直接将名称改为大饭店影戏院、银星影戏院等。目的是为水兵“提供休养栖留场所”的水师饭店，同时建设了一个能够容纳 200 个座席的礼堂，这个试图“提供各种开蒙心智、陶冶情操的讲演”的地方，在使来访者“得到各种有益身心健康的机会”时，意外地成了世界早期电影的东方试验场所，也培养了这个城市的第一代电影观众，这些活动新视像的接受者实质上也是电影史上的第一代观众。在我们能够找到的资料里面，有水师饭店 1902 年 8 月 9 日发布的电影广告，上面记载着：“晚 7 时放映电影，门票票价预售 25 分，现购 30 分。”放映电影收取门票，这已经是典型的商业行为。1914 年第一次日占后，日本人在青岛投资建设第一家电影院——电气教育馆，使专业的电影放映作为一种新兴的娱乐形式，迅速进入城市人们的时尚生活之中。1919 年，日军军曹三浦爱三在市场三路东头修建的这个有 600 个座位的电气馆竣工，成为当时设施最为完备的电影院。此后的十余年中，三浦爱三又在临近电气馆的李村路12号兴建了有近1000个座位的青岛映画剧场，并在锦州路上改建了可以放映电影的东洋剧场。拥有电气馆、映画剧场和东洋剧场的三浦爱三，在很长时间里左右了青岛的电影市场。史料显示，继电气馆之后，本地的电影投资持续不断。1922年底，在安徽路建立了明星大影戏院；1923年，大饭店影戏院改名为青岛南海沿平安电影公司；1924年，大舞台戏院在平度路兴建，白天放电影，晚上演京剧。与此同时，英国商人李可柏也将中山路的一家面包房改建为有400个座位的电影院，取名为中西大影戏院。美国商人兹美满（Evsei Samul Zimmerman）在北平路（今北京路）上修建了青岛电影院，专门放映欧美影片。德侨许伯德也在湖北路上修建了金城电影院。从此以后，电影开始为人们所普遍接受。1931年，青岛第一个中国人投资的电影院——山东大戏院建成，也就是今天还在继续运营的中国电影院。山东大戏院开幕当天，放映了中国第一部有声电影《歌女红牡丹》，并请电影皇后胡蝶前来剪彩。这是一个被商人们有意铺张开的庆典，掌声都给了美丽，给了时尚，给了财富。建成后，山东大戏院专门放映“明星”“联华”“天一”“新华”等制片厂的影片，受到各界群众的欢迎。随后，这家戏院一发而不可止，再度投资对戏台设施进行改造，并开始上演歌舞、戏剧。在青岛，电影已经成了时尚，一种含混的国际化商业文化潮流开始形成，并迅速蔓延成为新的城市文化标识。青岛电影业比较普及，除了这些室内影院外，还出现了几家露天电影院，只在夏天的晚上放映。

在其他城市，人们对电影的欢迎也大致如此，就连西南边疆地区的居民也可以看到电影："近有希腊商人二名、法人一名，由河内至龙州，拟在南宁、贵县、郁林、梧州等处开演影戏，所带相片，大有可观。一时之欲扩眼界者无不先睹为快。计在龙州一埠，除各项开销外，获利约千元左右，其在南宁则获利约五百元。近来花样翻尽，渐不欲观，故已移往贵县开演。"① 早期电影人卢根于1921年在广州创办了羊城电影院，该影院是广州第一家电影院，原名明珠影画院，后来又有西濠、广州等几家影院，使广州成为电影院最密集之地。

20世纪30年代出版的《上海门径》的作者王定九在书中写道："电影本是外国的一种玩艺。自从流入中国以后，因电影非但是娱乐品，并且具有艺术上的真义，辅助社会教育的利器，所以智识阶级中人首先欢迎。时至今日，电影在国内的势力日渐膨胀……现在一般仕女，对于电影都有相当认识了，所以'看电影'算是一句摩登的口号。学校中的青年男女固如此，便是老年翁姑也都光顾电影院。所以近年来国产电影业未见勃兴，但电影院合着大众的需要，先后成立的不下二十余所，其势蒸蒸，大有傲视舞台，打倒游艺场的气概。"②

一旦快乐的欲望被掀起，想要再次被教育的功能来掩饰已经是不可能的了，电影成为近代人们休闲生活中的重要内容之

① 消息 [N]. 天津：大公报，1909-08-28.

② 王定九 . 上海门径 [M]. 上海：上海中央书店，1935：14.

一。广告也开始介入，各种将人们吸引到影院的电影广告纷纷亮相：“其一影片：马上斗争。两小童偷盗房屋为其所焚焉。花中之仙女变化［无］穷。其二影片：孩童喜顽不顾其父之苦楚。奇法能使脚踏车自行与跳舞，大脚踏［车］变小能至袋中，其人技艺出众”[①]。

影片之内容不可谓不丰富，可见当时人们对于这种娱乐休闲方式的热捧。特别是国人兴奋于这些西洋景儿带来的快乐与新奇，开始制作影片投入市场。1913 年，中国出现了第一部无声故事片《难夫难妻》(又名《洞房花烛》)。同年，香港第一家电影公司——华美影片公司成立。上海电影业的发展如雨后春笋，民国十年（1921）7 月，根据同名文明戏改编拍摄的故事片《阎瑞生》在上海的夏令配克影戏园上演，观者场场爆满。此后，由于影片迎合了都市小市民阶层的低级趣味，故获利甚丰。电影于 1896 年传入上海后的数十年，发展极为蓬勃，电影制片公司、电影院不断成立，据统计，1925 年前，上海大小影片公司多达 141 家。大批影片选择到青岛拍摄外景乃至内景，最早一批知名电影中，《风云儿女》《劫后桃花》《到自然去》和《浪淘沙》等电影里都闪动着青岛的倩影，青岛也留下了一些著名电影人创作、拍摄的足迹。有学者撰文说，如果要寻找一个和电影同龄的城市，青岛是一个合适的目标。因为青岛是电影魅力的最早感受者，在某种意义上，也是整个世界早期电影史的见证者。影坛上群星闪烁，观看电影在人们日常

① 广告 [N]. 天津：大公报，1907-03-02.

生活中逐渐成为一种新时尚，也为居住文化生活增添了新的内容。

电影的兴旺还吸引了鸳鸯蝴蝶派文人进入影坛。1921—1931年这一时期内，中国各影片公司共拍摄了约650部影片。其中很多都是由鸳鸯蝴蝶派文人参加制作的，影片的内容也多为鸳鸯蝴蝶派文学的翻版，形成了电影史上的鸳鸯蝴蝶派。鸳鸯蝴蝶派电影主要以鸳鸯蝴蝶派文学为剧本，成员较早地进入电影界，从事电影编、导、演等工作，将文学中“游戏笔墨，备人消闲”的宗旨带进电影，充分发掘了电影的商品性，帮助确立了中国的商业电影类型。鸳鸯蝴蝶派电影是中国文化从传统向现代转型过程的产物，体现出传统性和现代性的融合，追求通俗娱乐特性是其特征之一。在20世纪20至40年代形成发展的两个高潮，直到1949年前，才随着中华人民共和国成立而销声匿迹。这一派的早期电影代表作为朱瘦菊的《古井重波记》、徐枕亚的《玉梨魂》、包天笑的《空谷兰》，其中，《玉梨魂》和《空谷兰》大获成功，奠定了中国早期商业电影的雏形。鸳鸯蝴蝶派也因此成为中国第一代电影人的重要组成部分，形成世界电影史上罕见的文人参与电影的文化现象。1924年，包天笑首先受聘于明星公司担任编剧，先后编出了《可怜的闺女》《空谷兰》《多情的女伶》等电影剧本。而郑正秋编写的《玉梨魂》(1924年摄制)则是根据早期的鸳鸯蝴蝶派文人徐枕亚所著同名小说改编。在借《青岛民报》出版的《避暑录话》上，最早的电影人之一洪深写了一个发刊词，表达了自己和12位“爱好文艺的”的同仁对文艺的态度：“他们都能看得清，文艺是和政治、法律、宗教等，同样是人类自己创造了以增进人类幸福的工具。”这个态度也可以体现出电影对于休闲的意义。

随着电影事业的发展，观众数量和影院数量急剧增长。在1927年前后，中国的电影院已达到100多家，分布在10多个城市，共有近7万个座位。而上海更在20世纪30年代末期出现虹口大戏院、大光明电影院、国泰电影院、美琪大戏院等近40家电影院，欧美等国家的歌舞片和故事片成为这些电影院一直放映的片类。玛丽·碧克馥、葛丽泰·嘉宝、费·雯丽等好莱坞明星的名字，随着她们的银幕形象而给国人带来视觉的冲击与心灵的震撼。电影这一新媒体开始在古老的中国大地上传播时尚与快乐，特别是女学生、年轻主妇和名媛名太这些无生活压力的人成为电影院这一公众场合最主要的群体。

进入20世纪30年代，中国电影业的中心仍在上海。中国第一部有声片《歌女红牡丹》完成于1931年。1933年2月，中国电影文化协会在上海宣告成立。该协会的成立推动明星、艺华、联华等公司拍摄了一批进步影片，成为“中国电影界有史以来的最光明的开展”期，出现了《三个摩登女性》《渔光曲》和《新女性》等[①]。1936年，协会倡导“国防电影”，宣传抗日救国，出现了《马路天使》《四季歌》《天涯歌女》《夜半歌

① 程季华主编．中国电影发展史[M]. 北京：中国电影出版社，1982：204.

声》《风云儿女》等名片。与此同时，影坛上群星璀璨，涌现出胡蝶、阮玲玉、赵丹、白杨、周璇、刘琼、王人美、舒绣文、上官云珠，等等。电影的发展在上海可谓一日千里，直至上海有了“东方好莱坞”的美誉。

近代，电影这一娱乐方式成为市民社会休闲的重要方式，把市民的休闲从家庭引向社会，引向公共场所，使传统的身份等级在一种大众的、平等的休闲方式中逐渐淡化，西方现代文明开始出现在近代娱乐场所，比如要求来宾注意公德、遵守秩序、入座脱帽、安静不吵、不乱拍掌、不乱叫好。这些新要求改变了传统的娱乐方式和娱乐习惯，使之更为文明，对于公共秩序的整合、人际交往的规范化都有一定的作用。大众的、平等的休闲娱乐方式营造了一种自由、开放、社会性的文化生活氛围，并逐渐影响到整个社会交流的氛围，在近代中国向现代中国过渡的过程中发挥了不可低估的作用。

除了电影之外，其他各种新奇可喜的洋玩意儿也纷纷在中国亮相，成为人们物质文化生活中的用品。1906 年，磁带录音机传入中国，以之为娱乐工具是许多人的选择，有的酒楼、菜馆中装设无线电或留声机播放音乐，用来吸引顾客。20 世纪 20 年代，广播事业传入中国。在此后的二十多年中，广播电台在各地不断设立，虽屡经战火破坏，但由于各方都认识到广播的巨大宣传作用，因此，广播事业不断发展着。1927 年 9 月，中国第一家官办广播电台——交通部北平广播电台成立。广播事业作为一项新兴事业，在各地兴起发展。国民党政府投资创办了一些官办广播电台作为其舆论的喉舌，另外，各种民间资本创办了更多的民营广播电台，虽然它们在国民党的控制下少有自由，为国民党做宣传，但其民营性质仍然决定了其有很大的发展空间。除了一小部分广播电台偏重科学知识的传播，以促进公司无线电器材的经营，大多数商业台依靠广告维持收入，播出戏曲、音乐、弹词等娱乐节目，以迎合市民兴趣。

第二节 剧界新风尚

除了电影的传入，西方话剧等戏剧也在近代一些西人聚居地出现。如1850年底，在上海英租界就有西人组织的第一个业余剧团进行了演出，此后，这个剧团经常演出，其演出的剧名，有记载的就有六个之多，可见其演出的活跃。上海早期西人的业余剧团不止一个，仅留下记载的就有名为“浪子”（Ranger）和“好汉”（Footpad）的两个剧团。最初，它们的演出场所是临时租借的仓库等处，条件简陋。1866年，上海西侨在上圆明园路与诺门路转角处建造了一所木结构的剧场——兰心戏院（Lyceum Theatre），作为西人爱美剧社（又称“大英剧社”）的演出场所。有了固定的演出场所，西人演剧就成为经常性活动。但这类演出面对的主要观众是租界内的外国侨民，由于语言上的障碍，不可能吸引大批中国人前去观看，但有些中国人出于好奇或为与洋人应酬，也有前去观看的。王韬就曾记下他初观西人戏剧的观感："西人工为戏剧，如纵跃飞舞，皆以女子为之。短裙窄袖，袒胸及肩，衣裾四周，悉缀宝珠，雪肤花貌，掩映于明灯之下，与烛光相激射。""演剧时，山河宫阙，悉以画图，遥望之几于逼真。"[①]

西方戏剧与中国戏剧完全不同的化妆、服装、布景等，使观看的中国人对这种新输入的西洋艺术形式留下了新鲜的印象。

西方戏剧的影响也波及中国戏剧界。据不完全统计，"从1903年到1912年，在革命报刊上发表的杂剧、传奇、京剧和其他地方戏等各类戏曲剧本，不下六七十种"，"这些剧本，既有本国历史题材，也有外国历史题材，还有反映现实生活的"[②]。1912年后，戏曲进入了更新的发展时期，出现了一种新的戏种——话剧。

话剧是民国初年留日学生中间兴起的一种时髦的文明戏，后来才被称为话剧。1906年冬，中国留日学生在东京发起成立了艺术团体——春柳社，他们仿照日本新剧的样子，改用口语对白演绎故事，在形式上迥异于传统戏曲而接近西方戏剧，被认为是中国现代话剧史开端的标志。

他们最先演出了《茶花女》，成功的演出鼓舞了春柳社同仁的士气。不久，他们又将美国作家斯托夫人（Harriet Beecher Stowe）的小说《汤姆叔叔的小屋》改编为新剧《黑奴

---

① 王韬．瀛壖杂志（卷6）[M]. 上海：上海古籍出版社，1989：22.

② 龚书铎．中国近代文化探索[M]. 北京：北京师范大学出版社，1988：159.

吁天录》。1910年底，曾在日本留学并热心戏剧活动的任天知回到上海，并在此成立了新剧团体——进化团，以戏剧的方式宣传自由民权思想，并用来鼓吹民主革命。进化团推出过《安重根刺伊藤》《血蓑衣》等剧，并到处巡回演出，足迹遍及南京、上海、武汉、长沙等地。欧阳予倩说："若论对当时政治问题的宣传，对腐败官僚的讽刺，对社会不良制度的暴露，还有对于扩大新剧运动，扩大新剧对社会的影响……进化团采取野战式的做法，收效是比较大的。"[①] 孙中山曾对进化团的活动予以赞扬，为其写下了"是亦学校也"的题词。可见当时新剧的出现不是为了给大众制造娱乐，而是为了启蒙民智，因而他们的演出带有明显的政治色彩。剧中人物常常很突兀地发表时政演说，鼓吹革命，慷慨激昂地进行煽动，具有明显干预现实的意图。后来，随着西风渐进，"文明"便成为"现代""时髦"的同义词，因此人们也称新剧为文明戏。在辛亥革命兴起之时，由于其内容形式新颖奇特，文明戏引起了沿海城市人们的极大兴趣，在人们好奇心理的驱使下，一时成为城市生活中的娱乐新风尚。如根据上海洋行买办阎瑞生图财害命勒死妓女王莲英谋杀案件创作的《阎瑞生》，在"新舞台"演出半年之久，卖座不衰。创办于1902年的海珠大戏院拥有三层2000个座位，它在顶层设有天台花园和天台游乐场，因为经常有所谓"文明戏"和"杂耍"等节目的演出，一时游人如织，成为有钱

① 田汉，欧阳予倩，等. 中国话剧运动五十年史料集 [M]. 北京：中国戏剧出版社，1958：56.

有闲阶层游宴玩乐的好去处。

图 1-2　春柳四友（自左至右为欧阳予倩、吴我尊、马绛士〈被人称为马降士〉、陆镜若）

而随着革命风潮的过去，这种因鲜明的时代特征而大出风头的文明戏渐渐沉寂。出现这种艺术窘境，问题在于其在寓于教的娱乐的问题上没能把握好。春柳社“可惜那时‘曲高和寡’，不合社会的心理，以致受经济的逼迫，时聚时散”。进化剧团流行最久，后来也出于经济原因，只得丢开剧本，每晚演出一场从未演过的戏，以吸引观众，结果新剧质量“只有退步，没有进境了”。新民社创办时，“观者纷至沓来，往往座无虚席”①，但是由于其当时一味迎合市民口味，甚至走上庸俗的商业化道路，到 1914 年，文明戏便“已经没有初期活跃了”②。

① 一年来上海新剧之趋势 [N]. 上海：申报，1914-09-21.
② 李朴园 . 中国现代艺术史 · 戏剧 [M]. 上海：上海良友图书印刷公司，1936：12.

继文明戏衰落之后，城市中兴起的则是爱美剧，其逐渐成为一种娱乐流行时尚。爱美剧强调艺术性、审美性以及非商业性和业余性，1921年后，多在北京、上海一带的高等与中等学校中流行。当时，一些具有进步思想的文艺家如应云卫、欧阳予倩、洪深等人在上海创办戏剧协社业余剧团，上演《少奶奶的扇子》《第二梦》等剧。同时，京沪许多高等与中等学校均有业余剧团，如清华大学、北京高师、北京女高师的学生便演出过《幽兰女士》《英雄与美人》《良心》等剧；燕大新剧团更因演出过《新闻记者》《车夫的婚姻》等剧而深受观众的喜爱和欢迎。这种爱美剧的非功利性使之最容易具有功利性不强的休闲性，但是和文明戏一样，其因过于强调专业而成为阳春白雪，影响不大，时间不长，这些剧界的新事物并没能在近代视听空间中久驻。

第三节　交谊舞与西洋乐

西方文化不可阻挡地进入了中国，在西方礼俗的影响下，中国上层社会中部分人与外国人接触较多，逐渐接受西方社会的娱乐形式。1850年，上海租界内举行了第一次交谊舞会，此后，这项活动由外侨经教会学校的学生而传开。交谊舞最初在租界兴起，如作为殖民城市的青岛，开埠之初也有了交谊舞。青岛的交谊舞最先出现在总督等高级官员、德国富商以及青岛侨民的家庭舞会中。后来随着青岛各高档饭店附设舞厅和俱乐部内设舞厅，交谊舞与跳舞之风便开始在青岛上层社会中盛行。1899年9月，位于威廉皇帝海岸与威廉路交汇处的亨利王子饭店建成营业。该饭店内设餐厅、台球室、阅览室、浴室等场所，其内部舞厅是青岛最早的营业性跳舞场。1912年，德国亨利亲王到青岛视察，应德国官兵要求，拨款建设了水兵俱乐部（亦称水师饭店），其内部也设有专门的舞厅。“德人在经营市政之余……又设为夏期音乐会跳舞会……组织鼓舞市民导之以高尚之娱乐。”①

交谊舞随着晚清通商口岸的打开而传入中国，并逐渐在上流社会流行。民国初年，京沪穗等地的达官贵人及其子女开始模仿西人，参加或举办交谊舞会。1914年元旦，广州“军队休假七日，文员休假三日，庆祝新年。民间多主遵行旧历，故无庆祝者。欧美大学中国毕业生之寓此者于除夕夜开亲睦会，聚宴跳舞，且有妇女与会”②。北京的排场更大，同年2月5日，外交部在石大人胡同迎宾馆“开跳舞会，中外宾客到者一千余人……各国公使皆到，其夫人亦到，国务总理熊君亦到，各部总长及重要人物亦多到，中外报界亦到。10点10分开跳舞会，以西男与西女宾合跳为多。……主宾尽欢”③，几天后，“交通部在外交部新公所开茶会”④。据在场的一个美国外交官回忆：

① 赵琪修等撰．胶澳志 [M]. 台北：成文出版社，1968：567.
② 特约路透电 [N]. 上海：申报，1914-01-03.
③ 纪外交部之跳舞会 [N]. 上海：申报，1914-02-09.
④ 交通部又开跳舞会 [N]. 上海：申报，1914-02-16.

“中国女士们在2月5日晚上第一次在外交部的舞会上踏进了社交界……中国妇女对这种社交性的机会并没有显出生疏的样子。相反地，却显得悠然自得，举止端庄。她们不隐藏对这种新式舞蹈感到有几分兴趣；那时只有少数中国青年女士学会了这种西方艺术。然而在以后的几年中，爱好跳舞的人数增长得很快。”[①] 这极大地丰富了上层社会的交际活动和休闲方式。

可见，西方交谊舞在晚清传入中国，在1912年开始流行后，逐渐成为国人热衷的一大休闲时尚。这种交谊舞，首先出现在上层官方或者私人的社交空间，作为一种优雅的生活方式在上流社会的一部分人中流行。但不久，市民阶层也开始融入各种舞会，西舞从此在中国各大城市盛行，不再是专属上流社会的时髦风尚，而是迅速扩大到城市市民阶层，呈现出娱乐化、商业化的特征，成为20世纪20年代初京沪等大城市重要的休闲娱乐方式。营业性舞厅也出现了，并出现了专业的伴舞。20世纪20年代，去舞厅跳交谊舞是上海等大城市上流社会摩登人士重要的社交方式，在乐队的现场伴奏和迷幻的灯光下，绅士与名媛翩翩起舞的场景充满了浪漫的异国情调。舞女盛极一时，各种交谊舞学校遍地开花。学会交谊舞成为当时极为重要的交际手段。当时，在上海林林总总的舞厅中，名气与人气最旺的百乐门、大都会、仙乐斯和丽都等成为国内顶级舞厅。近代中国半殖民地半封建社会的社会性质未能根本改变，但挥霍

① 保罗·S. 芮恩施. 一个美国外交官使华记[M]. 北京：商务印书馆，1982：29.

无度、挥金如土的城市市民奢侈的消费行径一旦开始，便不曾停歇。在民国时期的沿海城市如上海、天津等，这些内容时新的新式休闲和公共空间颇具观赏魅力，引起了不少民众的兴趣，增添了休闲文化的新内容与活力，加速了近代社会的时代化历程，也使其自身成为一种成熟的现代意义上的休闲方式。

图 1-3　民国交谊舞图案的铜奖章

近代，诸多受到西洋文化的影响、自国外发达国家如英美等引进的舞厅、歌舞剧院等开始出现产业化趋势，形成了不同的文化欣赏产业。其作为一种新的城市生活消费，成为人们社交的一种新途径，也成为人们了解外面世界的新窗口，给人们带来了新乐趣，丰富了城市文化生活。20 世纪 30 年代，舞场的兴起终结了召妓侑酒的风气，时人说，“因为跳舞是既经济而又能得到官能的享乐，较之于逛书寓得花钱而又不得不扮着相当正经，这里的差别，是不至五十岁与百岁的”，“于是，逛书寓的便都到舞场里去。这样既经济而又名正言顺，再加又不落伍”[1]。可见交谊舞给中国人们的生活带来了很大的震动。从此，在中国这片古老的土地上，特别是大都市里，西方的生活方式成为一种人们追求的时尚，这就是以华尔兹、探戈、列队方阵舞等为代表的西方社交舞。这种以男女对舞的形式来进行交流的西方交谊舞，由西方舞蹈团体、商人和旅华外侨或留学欧美归国人员传入中国各大城市，传播速度非常快，在各大城市学舞者日益增多，国人表现出了强烈的兴趣。交谊舞成为人们谈论的热门话题。于是，围绕学习教授交谊舞的机构迅速产生，出现了很多交际舞学校和书籍。其中最有影响的是俄国侨民司大纳基芙曾在哈尔滨、青岛、上海开办的跳舞学校，教授的是当时世界最为流行的探戈、华尔兹、查尔斯顿舞等；杰克·坎根办的跳舞传习所，该所自有一套交谊舞的教学体系，不少舞者慕名而去，在当时已很有名气，成为舞蹈名家与各界知名人士经常联欢之地。

面对日益增多的外国人开办的交谊舞学校，在国外学会交谊舞的中国人自己也办起了交谊舞短训班，其中最有影响的是留法归来的演艺人士唐槐秋于1926年在上海开办的交际跳舞学社，后扩大更名为“南国高等交际舞学社”。这是有历史记载的第一个由中国人创办的专门教授西方交谊舞的学校。后来，类似的教舞机构在各地纷纷成立。上海成为最活跃的地区，到20世纪30年代，不同档次、不同规模的舞厅发展到了

① 唐艳香，褚晓琦著．近代上海饭店与菜场 [M]. 上海：上海辞书出版社，2008：192.

100多个。这些机构的成立与存在为西方舞蹈文化在中国的传播起到了很大的推动作用，它们培养了一大批舞蹈爱好者，使交谊舞很快成为中国社会最为流行的一种生活方式，其势头之猛烈是令人难以想象的。

在上海、天津等地舞风蔓延的带动下，青岛的跳舞热潮出现在20世纪30年代。1932年，在青岛开办的营业性舞厅达20多家。1933年，青岛有日本人开设的普林司舞厅及中国人自己开设的黑猫舞厅等，另外还有一些设置专门舞池、向舞客提供跳舞场所的俱乐部和大饭店。至1938年，在青岛开办的正规营业性舞厅就有11家。

交谊舞传入中国的同时，西方音乐也开始传入上流社会。上海租界很早就有洋人举办过音乐演奏会，上海人在音乐方面接受西洋风也要早些，早在清咸丰七年（1857），上海就有了交响乐队。后来的上海工部局交响乐团曾颇有名气。1914年3月北京女子敦谊会成立，除了请人讲卫生医疗常识外，还有西方人士的夫人“迭奏西乐，及勃恩夫人、索洛上校为俄国跳舞……”①。在剧院中欣赏中西音乐演奏逐渐成为城市新兴的娱乐时尚之一。民国八年（1919）1月，北京大学音乐研究会成立，且成立钢琴、提琴、古琴、丝竹、昆曲、西洋管弦乐乐队各组，在剧院中进行过30余次音乐演出，深受人们的欢迎。上海出现了中华美育会，传授中西音乐知识和技艺，组织演出活动和创作，介绍西方音乐理论，改造和整理中国传统音乐，对

① 女子敦谊会开幕之西曲[N].上海：申报，1914-03-20.

传播现代音乐起到了重要作用。中小学音乐课的设置也为西方现代音乐的传播奠定了基础，使西方音乐较前大为普及。由于上海特殊的文化氛围，这里也成为最早在市民阶层流行弹奏钢琴的城市之一，钢琴成了上海一些高等华人家小姐的必修课。以创作儿童歌舞剧出名的黎锦晖于20世纪20年代在上海开办了中国最早的歌舞专门学校，组织过中华歌舞团、明月歌舞团等。1920年，上海师范专科学校也创立了音乐科，后来在1927年11月，上海国立音专成立，这是中国现代音乐史上第一所现代专业音乐院校，其有力地推动了西乐在国内的发展。除了北京、上海等城市的剧院中经常演出一些中西音乐兼有的综合音乐外，在广州等城市的剧院中则多演出广东音乐，供人们欣赏娱乐，苏浙等地还流行江南丝竹音乐，每逢剧场演出，观众颇多。

图 1-4　民国时的艳俗表演

西方音乐舞蹈文化的传入与当时改良派、洋务派们在小说、戏剧、音乐等领域提出的变革主张和要求在精神上是一致的。特别是舞蹈，从表面上看，其并不处在新旧文化冲撞的风口浪尖，但是，西方舞蹈中的人文主义和革新精神，以及其表现出来的艺术审美趣味已经开始走进中国人的生活。

西方交谊舞会的出现，不仅使交谊舞成为中国近代重要的休闲方式，而且为中国男女公开社交的文明生活树立了典范，有着特殊的意义。因为中国是一个有着几千年封建历史的国家，长期以来，在中国人的传统观念里十分忌讳男女之间的身体公开接触，“男女授受不亲”是严格遵循的祖传训诫。这样一种文化背景与西方的生活娱乐方式是格格不入的。但是，西方舞蹈文化在中国的传播与发展并未受到丝毫影响，国人也没有拒绝对西方舞蹈这一新生事物的接受与学习。相反，人们开始热爱交谊舞，“随着五洲万国文物人事之相接日繁日近，中国固有的传统礼节便‘不得不有所迁就，改良实时势使然’。由此早年认为男女合群手舞足蹈‘有伤风化’避而不观的中国人，随跳舞潮流由领海一带向内陆澎拜涌来，其旧有之念渐次华离俱碎”①。

① 转引自扶小兰．论近代中国城市文化娱乐生活方式之变迁[J]．西南交通大学学报（哲社版），2007(5)．

第四节 传统戏剧

千百年来，民间演剧活动一直为大众娱乐的重要形式之一。到了近代，随着工业化的进展，古老的中国开始由传统社会向现代社会转型，由此带来了政治、经济、文化等方面的变化，民间演剧活动的演出性质、内容、形式及作用等亦随之发生了变化。各种艺术都不同程度地由小众转向大众，朝着民间性、平民性的艺术本体特征回归，看戏成为人民大众的一种群众性需要。有记载云："嘉、道之际，海内燕安，士绅宴会，非音不樽。而郡邑城乡，岁时祭赛，亦无不有剧。"[①]城乡民众，凡遇过年过节、迎神赛会、婚丧嫁娶、酬神谢客及农闲季节等，往往招请戏班演戏。在城乡村镇，大多是临时搭台演戏，附近乡里民人，男女老少，群趋往观。"高台演唱，男妇纷来，习以为常"[②]，"郭外各村，于二、八月间，递相演唱，农叟渔父，聚以为欢"[③]。民国《平乐县志》载当地三年一次的天后圣诞盛况："演剧则十昼夜……邻近男女临观者空里巷，甚或远距四五十里亦偕来，大有举国若狂之概。"民国《盖平县志》载："四方来游观者，毂击肩摩，夜以继日。有周铁沟、桥台堡、乡乐庄、铁岭屯，百家塞堵村会办演秧歌、抬歌杂剧，群

① 徐珂．清稗类钞·昆曲戏 [M]. 北京：中华书局，1986：5014.

② 王利器辑．禁止花鼓窜客戏议·元明清三代禁毁小说戏曲史料 [M]. 上海：上海古籍出版社，1979：315.

③ 焦循．花部农谭·序言 [M]. 嘉庆二十四年（1819）：1.

集山庙祝神，以祈丰年。”民国《珠河县志》载：“秧歌、旱船、高脚种种跳舞，游行街市，观者塞途。”可谓是全民狂欢，人们在这种民间娱乐大宴中充分享受着愉悦、轻松。

娱人为主的民间演剧以二三月间的春台戏为盛，《吴郡甫里志》记载：“自新春至四月，凡村落各有台戏，弋阳越妓，无日不演。”村民亦有赶戏场之习，一村有戏，方圆十多里的村民闻讯后，都穿红戴绿，扶老携幼，前去观看。这种习惯一些地区一直延续到现在。后来，虽然出现了电影，但两者毕竟有别，电影只能夜间上映，缺少戏剧的互动性与现场感，更缺乏戏台周边各种热闹氛围，所以农村不少年老者对唱大戏有着无限怀念之情。

随着战乱、农村生活贫困的加剧以及商业性城市的发展，许多民间艺人进入城市谋生，民间戏曲迅速兴盛发展，成为城市休闲生活的重要组成，一些商业会馆、私家厅堂、演剧场所逐渐体现出剧场化的特征，戏园成为市民主要的娱乐场所。早在同治初年，杨恩寿宦游于郴州、长沙等地，他在《坦园日记》中记载过“粉黛如云，游人若蚁”[①]的情景。江苏松江开设戏馆后，“自有戏馆，凡商店学徒伙友偷闲听戏，废时失业，禁无可禁”[②]。上海浦东有戏班在邑庙演戏，“观者颇众”[③]，观众层面随着观赏空间的增大而增多，有人记广州的演戏情景：“广州酬神演

① 杨恩寿．坦园日记（卷1）[M]. 上海：上海古籍出版社，1983：26.
② 请准永禁戏馆详情 [N]. 上海：申报，1918-01-23.
③ 周浦绅士请禁演戏 [N]. 上海：申报，1918-05-27.

剧，妇女杂沓，列棚以观，曰看台，又曰子台。……道光乙巳（1845）四月二十日，城中九曜坊演剧，设台于学政署前，席棚鳞次。”[①]北京作为达官贵人的聚居地，娱乐休闲业一向很发达，自然成为各种戏剧汇集的繁盛之地，民间戏剧也得到迅速发展，特别是京剧艺术得到了很大的发展，京剧的休闲性倾向也日益增强。1912年4月，北京政府出面废除了戏曲界的“私寓”（专为王公富人或文人骚客准备的私人玩唱场所），戏剧表演的公众化程度越发提高。

伴随着戏剧的发展，各种戏剧团体也纷纷出现。1912年，北京京剧界田际云、谭鑫培、余玉琴等发起正乐育化会。同年冬，北京喜连成科班更名为富连成，该社在民国年间，先后培养京剧人才900余人，演出剧目400多场，成为京剧史上历史最久、培养人才最多的科班。1913年3月5日，戏剧家潘月樵等人组织成立伶界联合会，联合会简章以“集合同辈扩张事业，改良戏曲并扶助社会共同进化为主义”。各地的地方戏也出现了这种情况。如西安创办了易俗社，成都创立了三庆会，这种趋势有利于戏曲界的交流、更新。到五四前后，市民的审美意识开始凸显，京剧也在一些人士的改革下，更贴近市民的现实生活和审美需求，开始面向市民大众。

除了京剧以外，各种曲艺也出现不同程度的繁荣。如上海一带，“曲界有两变迁焉，即南人解听大鼓书与昆腔复盛是

① 徐珂．清稗类钞·观剧焚毙多人[M]．北京：中华书局，1986．

也”[①]，“大约到一九二〇年前期，在上海和江浙部分地区流行的说唱曲种除了苏州评弹、扬州清曲、钹子书、宣卷、温州鼓词、四明南词等外，尚出现“小热昏”“唱新闻”“隔壁戏”等曲种。”[②]后来小热昏、唱新闻、隔壁戏等曲种的演唱者受到文明戏和相声的影响，迅速在各城镇剧场、游乐场所展开。

戏曲作为中国传统的日常娱乐项目，并没有随着西方娱乐的流入而受到冷落，而是与西方娱乐齐头并进，并且在管理和运营上向现代城市娱乐模式转型，正是这样的转型，才使传统的娱乐项目得以保留并历久弥新，在与西方娱乐的共存和竞争中表现出顽强的生命力。

傅斯年《戏剧改良各面观》说有一种看戏人“在戏剧一道，原不曾讲究，不过为声色的冲动力所驱使，跑到戏园里，‘顾而乐之’。这种人在戏界里虽没势力，在社会上却占大多数。普通听戏的人，差不多总是这样”[③]。又“如我天津人，有闲暇的时候，饱食终日，无所用心，不是听戏，就是嫖赌。详加调查，每天总不下一万五千人之谱分聚在戏园书馆之中，以为消遣之所”[④]。从这些记载中可见，当戏剧演出固定在城市戏园中之后，剧院便成为城市有闲一族固定的休闲场所了。

观众的增多也进一步促进了视听空间的改进。如民国《分宜县志》记：“城南惟七都有建万人缘者，专尚演剧，但限以

① 曲界之变迁 [N]. 上海：时报，1919-12-05.
② 汤伟康等编 . 上海轶事 [M]. 上海：上海文化出版社，1987：80.
③ 傅斯年 . 戏剧改良各面观 [J]. 新青年，1918(4).
④ 说青年之交际 [N]. 天津：大公报，1908-04-30.

十年一次，蜂拥不亚城北，今已废除。”虽未得到普及，但其在一定程度上反映了剧场的日趋成熟和完善。《江苏省志 · 民俗志》载：“戏班早先是在露天空地和大的茶馆里唱戏，后来城市中建戏园，一些有名声的戏班便进戏园演出。戏园里搭有木板铺就的戏台，台上演戏，台下仍是茶馆的格局……民国前后，各大小城市才陆续建起新戏园（俗称大戏院），初具剧场规模。废除方桌，一律改排长凳或椅子，场内设有一二等‘清座’，还有‘站席’。”上海一地，到20世纪二三十年代已有戏园一百几十所，观众席位总数达十万以上，有关戏曲的娱乐报刊不下几十种。1924年，湖北路亦舞台拆除，改名申江亦舞台，演出京剧；20世纪30年代以演出沪剧为主，兼演宁波滩簧、滑稽戏等；1945年后，为沪剧施家班、文滨剧团主要演出场所。上海《阎瑞生》因其舞台风格、剧情内容明显地贴近了市民的趣味需求而大受欢迎，曾连演两年，且场场座满。

可以说，戏园的建立标志着民间演剧朝向专业剧团的转型，商业意味越加浓厚，演出收益大大增加。如民国《遂安县志》载：“民间报赛之戏一村常演数夜，全县岁费不下万余金。因剧场聚赌，曾经禁演。数载后，又倡办戏捐，仍许开演，闻每岁可得千余金云。”民国《定海县志》亦云：“全邑终岁演剧之费当不下数万金，近年倡办戏捐，闻每岁可得千金云。”与以往的临场邀赏不同，这些动辄“千金”“万金”的收益大大刺激了民间演剧的积极性，从而要求演出地点朝向固定化、专业化发展。在较大的城镇，除了临时性的一些搭台演戏活动之外，营业性戏园已经常设固定化，人们可以随时入园看戏，戏园成为市民经常进出的消费娱乐场所。

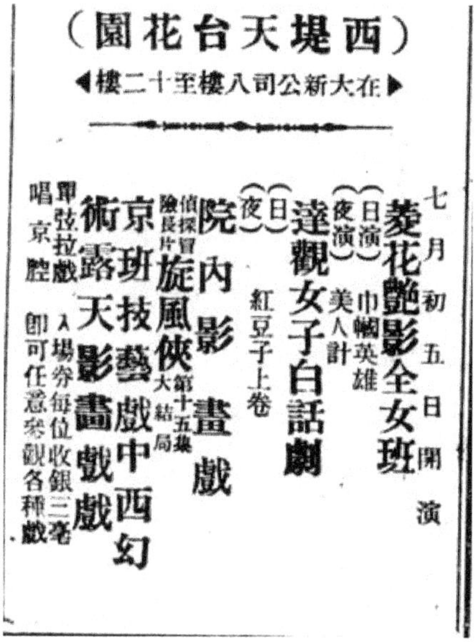

图 1-5　20 世纪 20 年代的戏票

传统的戏剧还借助现代媒体广告，让市民更及时地了解曲目信息，如 1872 年 6 月 16 日（农历壬申年五月十一日）《申报》刊出了《各戏园戏目告白》一文。文中刊出了丹桂茶园、金桂轩及九乐戏园上演的戏目，第一天只是日演 9 支戏目，到了第二天已发展至日演和夜演共计 17 支戏目，由此可见，戏曲作为中国传统的日常娱乐项目，并没有随着西方娱乐的流入而受到冷落，而是借助现代手段，继续保持着自己在受众中的受欢迎程度，向现代城市娱乐模式转型。

第五节 杂技与魔术等

随着市民主动休闲风气的兴起，其他娱乐场所也开始出现。号称“东方不夜城”的上海所处的江南地区，在明清时代本来就是一个笙歌曼舞、灯红酒绿的繁盛之地，随着城市商业经济的发展，市民的消费热情日益高涨，娱乐事业也相应繁荣起来。开埠以后，西式娱乐事业不断输入上海，益发使上海的休闲生活变得丰富多彩。游乐场成为一般市民最熟悉的娱乐场所。除了观景、喝茶、听书、打弹子等消遣活动外，游乐场还引进了哈哈镜、魔术、杂技等西方杂耍。

西人杂技团等纷纷来华演出。1863 年 9 月，外国魔术师来上海表演魔术，其在报上刊登广告，向中国人招揽生意，内云：“现到有外国有名做戏法之人，名华与吞，于本月十三日夜间九点钟，在洋泾浜汉口路外国客寓内做戏法与中国人去看，是日将己之头取下复又装上。因请中国商人前往，每人给洋银二元。”[①] 广告上还配有一幅一个着西装的无头人手拿自己人头的图画，以增强宣传效果。1863 年 10 月，又有一马戏班来沪演出，其登报广告云：“今有新到马戏班，内有奇技异样之法，并爬柱跳滚。此戏班前于大英君主宫内并俄国他国宫内演过，曾经得以赞美，并天下各国伊均做过马戏，而驰名天下。此班现到上海演戏，但蒙中外各商至伊处看演，知其奇巧异能。其

① 广告 [N]. 上海：新报，1863-09-22.

演戏营帐搭在大英公馆傍首，每日间演，除礼拜停止。此班带有外国吹鼓一班，除马匹外，另有有名男戏子七名、女戏子二名，外带马猴一个，此猴系已教过跳舞，并会作戏。又有一戏子会凌空千金斗，中国尚无人可及。”①

1863 年 11 月 5 日的《上海新报》刊登的一则题为“请看洋画”的广告谓：“本月初八日至十五等日，在大马路四美园内有奇样外国画张，绘在玻璃面上，每日晚六点钟开门，七点钟时可以赏玩。”这种“绘在玻璃面上”而且需在晚上观看的洋画是幻灯一类的画片。此后在上海的报刊上，不时还可看到关于这类“玻璃洋画”“灯下画”及“影戏”的消息，如 1866 年 10 月 31 日的《上海新报》上刊登了一篇关于观看幻灯的详细报道：

礼拜四晚六点钟时，在沪城同文馆内，观西士带来灯下画景数十套，揿空玲珑，无美不备。其小套如名花异卉、人物山水、奇禽异兽，固已目不给赏，他如英国京都城池屋宇，以及冰洋凝结，更有引人入胜之妙。嗣观一大河，河上造一大桥，桥上行轮车，桥下行轮船，新奇巧妙，出人意表。其大套则见地球循日而行，星月交辉，护日护月，了如指掌。另有一画，能分昼夜，如中原日出之时，即西国日入之际，一明一暗，互相转运，而昼夜分矣。及观轮船行海，益信地体之圆，洵足增人智慧。至若人骑马上，倏忽马又骑人，并有人头忽然落地，

① 王韬．漫游随录·物外清游卷 [M]. 长沙：湖南人民出版社，1982.

转瞬人头归原等套，又技之小焉者也。观者无不击节称赏。①

后来，这种幻灯表演数量增多，观众也越来越多，有时也搬到大戏园里演出。如1875年就有人记述在上海著名的大戏园——丹桂园观看影戏的情景：

见灯光明亮倍于前夜，俄闻八音琴鸣，则幕上月洞已现出无数奇葩异卉，若牡丹，若荷芙，若兰菊，皆采（彩）成五色，绚烂迷离。顷刻之间又如皓月当空，明星坠地。忽又变成一花篮，其篮内水波微动，灵妙异常，真莫测其底蕴。……种种新奇迥非昔比，座上诸客无不击节称赏。②

《沪游梦影录》曾记录了当时在上海非常受欢迎的西洋杂耍表演：

台上张极薄布幔，内燃地火灯，映出各种技巧，西人名曰“影戏”。初时海阔天空，波涛汹涌，有轮船一艘飞驶而下，蓦被狂风吹转，横撞山脚，截成两撅。正在危急之际，忽有一舶自银涛雪浪中驶至，以小艇救起多人。一瞬间又变成夕阳衰草、秀竹幽花景象，竹中露危楼一角，仿佛是西国园囿。继而雪练平铺，银盘荡漾，荻芦瑟瑟，中有渔人临流撒网。末后成浓春光景，日丽风和，花明柳暗，西方士女联袂踏春，约略似宋人《清明上河图》，戏遂止。按此戏皆画于纸上，向灯前照映，而人物之丰昌，烟云之变幻，以及山光水色、异兽珍禽、奇花茂

---

① 李长莉.晚清上海社会的变迁[M].天津：天津人民出版社，2002：245.

② 观影戏后记[N].上海：申报，1875-03-26.

草，无不惟妙惟肖，宛转如生。技至此亦神矣！东洋戏者，大抵即中国之变戏法也。其戏有硬功、软功之分：初以粗铁数丈横系于戏台东西柱上，一人左执扇，右持盖，跣行其上。初尚按步徐行，继而翘一足作《鸲鹆舞》，两手握线翻筋斗。忽疾驰向前，故作倾跌状，横卧铁丝上。后将两足倒挂，反身下垂，而口中呜呜唱蛮曲，仍能应弦合节，阅时始徐徐而下。又一美女艳服倩妆，高坐方桌上，手持木匣一，遍示看客，中空无所有。忽探手而入，取出五色纸条，多至数百丈。又取出玩物数十件，最后有白鸽一头奋飞而去。乃仍将纸条玩物逐渐放入，一转瞬又空无所有矣。有一女子两髫垂肩，年可十二三，持聚头扇缓步而出。偶拾得破纸一幅，以手撕纸，随撕随扇，俱化成五色蛱蝶，飞舞满台。既而将手一招，诸蝶俱集衣上，仍化为纸。此之谓软功，大约即华戏中文戏也。又一老人肩竹梯，高二丈，挟小女蛇行而上，站立梯顶，弓身倒乘，猛砉然一声，梯级俱散，独留一竿，仍植肩上。斯时观者俱目眩神痴，恐其颠坠。而女仍悠然自在，无些微怖容。又一人折纸为小桥，置櫈上咒之。忽如虹腰亘天，高大无比。一女蹑棠木屐，徐步而登，继即翩然下来，而桥仍化为纸矣。又一中年妇卧台，两足向上，承一桶，旋转如风。戏房中击鼓为节，桶之高下……[①]

这些中西表演的盛行丰富了中外居民的娱乐生活，增强了中国人对于西方文化的了解，也带来了中国本土娱乐场所的建立。1912 年，上海产生了第一家专业游乐场——由经润三创办

① 池志澂 . 沪游梦影录 [M]. 上海：上海古籍出版社，1989：165.

的楼外楼。这里设有说书、唱滩簧、变魔术等节目。1917年，占地6000多平方米、建筑面积14 700多平方米的大世界落成，成为近代大上海娱乐事业的一个地标。大世界娱乐活动丰富，场地宽广，在游乐场中独领风骚，“白相大世界”也成为上海市民和外地游客的娱乐方式。

第二章　社交与休闲

现代意义上的休闲是工作之余的行为，与社交空间密切相关。传统的公共空间与新出现的各种公共场所为现代休闲在中国近代的出现提供了必要的空间。

第一节　茶　馆

茶馆是农业文明的产物，是中国式休闲文化与自给自足的自然经济相结合的产物。茶曾是人们日常生活的必需品之一，吴自牧《梦粱录》说："盖人家每日不可阙者，柴米油盐酱醋茶。"最初人们煮茶本为提神，后来出现了供人们吃茶休息的公共场所，即"煎茶卖之，不问道俗，投钱取饮"①。随着时间的推移，饮茶的社会功能逐渐增强，单纯吃茶休息的场所具有了联系感情、交流信息、休闲娱乐等功能，茶馆文化也就随之形成，城市经济的繁荣及市民茶文化的兴起也是主要原因之

① [唐]·封演．茶饮·封氏闻见记校注（卷六）[M]. 北京：中华书局，2005：51.

一。茶越往后发展，其休闲功能便越明显，就像在许多地方可见的楹联所言："为名忙，为利忙，忙里偷闲，且喝一杯茶去；劳心苦，劳力苦，苦中作乐，再倒一杯酒来。""山好好，水好好，开门一笑无烦恼；来匆匆，去匆匆，饮茶几杯各西东。"茶馆作为具有中国特色的传统社交空间，其休闲性也越发凸显，具有越来越强的包容性，同时开始走向平民化。

图 2–1　茶馆

"茶馆"一词正式出现在明末清初。明代茶馆较之以前各代，有了比较明显的变化，档次有区分，既有面对平民百姓的普通茶馆，也有满足文人雅士需要的高档茶馆。但相对而言，茶馆比较清雅别致，而且在饮茶上也十分考究，水、茶、器都有一定的要求，成为一个比较单纯的休闲场所。

清朝茶馆的社会功能与前代相比，没有多大的不同，茶馆作为城市公共空间，以及为人们提供饮食、休息、娱乐、交流信息的社交空间，成为市民日常休闲娱乐的基本场所。徐晓村曾说："老北京的茶馆大约有三种，即清茶馆、书茶馆和茶饭馆。清茶馆只是喝茶；书茶馆里则有艺人说书，客人要在茶资之外另付说书钱；茶饭馆除喝茶之外也可以吃饭，但提供的饭食都很简单，不像饭馆的品种繁多。"①茶馆中的饮茶不是作为点缀，而是作为休闲的主要方式而支撑了茶馆这个传统的社交空间。

饮茶既是一种文化，又是一种生活。生活往往是实在而又琐碎的，充满随意性和市井气息，所以相对而言，茶馆是雅致的但又充满生活气息的空间。中国近代历史是中国沦为半殖民地半封建社会的历史，但也是中国现代化的历史。这一时期在文化上表现为文明与愚昧并存，先进与落后同在，中国的茶馆文化自然也要受这一社会大环境的影响。近代茶馆的数量很多，且融会中西，去俭而求奢，功能齐全，陈设可以说是应有尽有。《清稗类钞》说："其后有江海、朝宗等数家，益华丽，且可就吸鸦片。"畹香留梦室主的《淞南梦影录》在记述阆苑第一楼时说："别有邃室数楹，为呼吸烟霞之地，下层则有弹子房。"这种茶馆自然备受欢迎，以致"初开时，声名籍籍，远方之初至沪地者，莫不趋之若鹜"。清末，外国香烟输入后，茶馆中即开始出售香烟。"据统计，从同治初年（1862）到民国初年，上海有名的茶馆从几家发展到 60 多家，民国八年已经达到 160 多家。"这些茶馆装潢考究，规模较大。据记载，建于

① 徐晓村主编．中国茶文化 [M]. 北京：中国农业大学出版社，2005：188.

当时上海四马路一带的“阆苑第一楼可以同时容纳1000多人，这是非常惊人的”[①]。馆内的设施也很考究。这些设施的考究只有一个目的，就是为茶客提供更舒服的休闲空间和社交空间。除中国茶馆之外，上海还有日本人开的茶社，俗称东洋茶馆。如虹口与四马路一带的三盛楼、开东楼、登云阁等。

关于茶馆，在许多文学作品中皆有记录。吴敬梓《儒林外史》第二十四回说道：“大街小巷，合共起来，大小酒楼有六七百座，茶社有一千余处。不论你走到哪一个僻巷里面，总有一个地方悬着灯笼卖茶，插着时鲜花朵，烹着上好的雨水，茶社里坐满了吃茶的人。”著名的鸿福园、春和园皆在文星阁东首，各据一河之胜，日色亭午，座客常满。或凭阑而观水，或促膝以品泉。茶叶则自云雾、龙井，下逮珠兰、梅片、毛尖，随客所欲，亦间佐以酱干、生瓜子、小果碟、酥烧饼、春卷、水晶糕等。郝懿行的《都门竹枝词》曰：“击筑悲歌燕市空，争如丰乐谱人风；太平父老清闲惯，多在酒楼茶社中。”清末，北京流行大茶馆，既可饮茶品茗，又有点心菜肴，别有一番热闹景象。蒋云《燕台杂咏》云：“人海喧阗午市声，茶寮酒社斗鲜明。”李斗在《扬州画舫录》中夸耀：“吾乡茶肆，甲于天下。多有以此为业者。”近代以来，由于社会变革和政治动荡，茶馆的休闲性反倒更明显，在陈设布置上更加讲究，西式风味也逐渐渗透，西式沙发和西洋油画等都出现在茶馆。茶馆的社会

① 徐晓村主编. 中国茶文化[M]. 北京：中国农业大学出版社，2005：189.

性能进一步扩大，文化艺术审美活动氛围也有延伸，很多文化人都到茶馆喝茶。对于上海租界的娱乐休闲消费市场，李伯元评《二春居士传》第一回便写道："上海英租界四马路有个升平茶楼，东连荟芳里，西接石路，是个极热闹的地方。吃茶的熙来攘往，日夜络绎，也颇有几个上等社会的人。"①

对于到茶馆喝茶，有的地方叫"坐茶馆"，有的雅称"品茗"，有的则叫作"泡茶馆"。但从中皆可感受到喧闹却又充满休闲气息的氛围，农业文明的封闭性和静态性与茶馆文化生活气息相契合，形成了独具特色的茶馆文化，特别是其休闲娱乐性，使茶客在此获得精神上的满足，使茶馆成为真正的休闲娱乐场所和社交场所。

作为一个公共休闲场所，近代的茶馆有了非常强的包容性。清末民初时期，北京茶馆遍布全城。由于社会复杂，各类茶馆的存在迎合了人们多层次活动的需求，瘾君子、狎客妓女也夹杂其间。这时期的茶馆已经大致具备了近代茶馆的各色性能，有专供商人洽谈生意的清茶馆，在二荤铺可以茶食兼品，书茶馆里有说书和曲艺的表演。茶馆已基本上集经济、文化和政治性能于一体，大茶馆容纳三教九流，野茶馆多供文人笔会、游人赏景。茶馆里既有贩夫走卒，也有商人、老板、唱曲儿卖艺之人，还有提笼架鸟的八旗子弟等。茶馆里不大讲究封建等级制度，因此，作为人际交往的手段，茶馆这种特殊空间的包容性表现无疑。近代，这种休闲空间逐渐融教育、艺术、

① 二春居士 . 海天鸿雪记 [M]. 哈尔滨：黑龙江美术出版社，2004：1.

娱乐、消闲为一身，向内容多样化、功能多元化方向发展，这种功能的附加正是休闲观的包容性结果。

民国时的北京，几乎家家喝茶、人人喝茶，茶的需求量空前大增。据1934年《北平商务会员名录》统计，北平市参加商务会的茶点、茶庄即达一百多家，从业职工达一千多人。这些茶点除供应市民需要，很大部分是供应茶馆。辛亥革命以后，尤其五四新文化运动以后，整个中国社会发生了较大的变化，西方思潮大量涌入中国，传统文化日趋衰落，传统茶馆开始转变。此外，西洋各种饮料、食品大量输入中国，新兴娱乐设施越来越多，诸如舞厅、影院等，吸引了大批的年轻人。近代，茶馆跟随时代要求，与古代茶馆有了较大的区别，凸显了娱乐与交流的功能，特别是文人进茶馆，使茶馆开始向高雅精致的方向发展，与市民饮茶成为两大特色。但不管怎么说，茶馆从它最初产生的那一刻起，就是市民文化的结果，它为普通大众服务，满足他们的要求是茶馆经营的一个原则。这些茶馆沿袭了过去的特点，但又有所发展，说书、唱戏的娱乐功能还在，但近代，茶馆这种传统的社交空间更像一个小社会，一个特殊的、休闲特征更加明显的小社会。

20世纪上半叶是茶馆的繁衍期，这一时期，社会动荡，茶馆成为人们了解时局、预测形势发展和获取各种信息的主要场所，数量陡增。新式茶楼也在午后安排一些娱乐性曲艺表演活动。不过，茶客不长坐，故曲艺表演大多是精彩片段。茶馆的社会性非常明显，它对社会动荡的反应也很快。政局动荡时，茶馆的环境也变得污浊起来，休闲成为一种畸形的休闲。许多地方的茶馆集茶馆、烟馆、妓院为一体，正反映了半殖民地半封建社会的真实情况。上海的茶楼也是较早充当卖笑市场的地方之一，生活在社会最底层的破产人家少女或自外地流向上海无以为生的姑娘，借卖瓜子糖果，而在茶楼卖唱、卖身，强颜欢笑，帮茶楼招徕顾客。又如上海的江海、朝宗等茶馆，装饰华丽，但为茶客吸食鸦片提供了便利。

作为一种休闲文化的茶馆文化是俗文化和雅文化的结合体。俗文化的特点就是它的开放性、平民性和包容性，这并不能减弱茶馆特有的清新、雅致，其反而给大众化的俗文化增添了清雅气息。随着清王朝的衰落，以及西方侵略者的入侵，政局动荡，国家凋敝，百姓贫困。不少人终日与茶馆为伴，以茶馆为家；也有人关心国家的前途和自己的命运，迫切想了解各方面的信息，茶馆为人们提供了信息交流的极好场所。因此，清末民初，中国的茶馆没有衰落，反而更加兴盛起来。

这种市井文化的发达是休闲观之包容性的必然结果，市井文化的发达带来了饮茶的平民化倾向，也越发增强了茶馆的包容性。四川人的爱茶自不用言，北京人的饮茶风气也很盛。茶客上至达官贵人，下至平头百姓，特别是茶价低廉的大茶馆，因人员杂而多而成为信息交流的中心，十分热闹，极具大众性。大茶馆的繁荣与北京特殊的城市特色有关：关心政治，注重清谈，生活悠闲，以服务性消费为主。尤其清茶馆只是喝茶，茶客多为闲散老人和纨绔子弟。沏一壶茶，以谈论家常琐事消磨时光，这里的茶客多为失意的官僚、商号老板、账房先生等。较高档的棋茶馆则是闲士们消遣的好去处，如什刹海二吉子围棋茶馆、隆福寺二友轩象棋茶馆都非常有名。不同类别的人都需要找个集休息、社交、进餐一体化的场所，于是各式茶馆便应运而生。

自晋代以来，饮茶一般被视为文化人和有闲阶层的雅事。一般百姓只将饮茶看作解渴，并不重视。清末民初，各种俗饮方法开始出现，民间饮茶也开始讲究趣味和技艺。世家大族以茶待客，讲三道茶：一杯接风；二杯畅谈；三杯送客。文人家居，茶是与妻儿抚琴、读诗、谈话的助兴之物。出外野游，或携童仆，或约好友，提了茶炉，于郊野品茶也是一种乐趣。普通百姓家中也爱饮茶。一些茶馆里甚至用从西方传入的汽水泡茶，可谓是与众不同的新吃法。西方的茶点、饮料也大量进入中式茶馆，咖啡、可可、汽水、啤酒、蛋糕等都出现了。模仿西方咖啡馆的音乐茶座、公园露天茶室也应运而生，饮茶风俗逐渐深入民间，成为大众文化。茶馆既为文人雅士提供了叙谈会友、品茗赏景的场所，也为商人洽谈生意提供了良好的环境，还是下层市民聚会、寻找工作、打听信息和调解纠纷的地方。此外，说唱艺术的进入增加了茶馆的艺术氛围，使其吸引了不少茶客。

茶馆的开放性空间吸引了来自不同阶层的人，成为人们非常喜爱的一个休闲处所。徐晓村在《旧京茶事》里说得好，“坐茶馆的乐趣不只在于喝茶，也在于其热闹。既可以融入其中，说一些可有可无的闲话，也可以出乎其外，在嚣闹之中兀然独坐，品味生活的悠闲，使悠闲更加丰富和突出，这才是坐茶馆的真味所在”[①]。追求生活的悠闲是社会每个阶层的共同理想，茶馆作为一个大众化的信息交流地的优点凸显了出来。

为适应社会的需要，茶馆在近代的文化经营特色与以往不太一致。北京茶馆的平民化倾向更多一些，上海茶馆的布置一般比较优雅，四川的茶馆更多地体现出生活的气息，而广州茶馆则凝聚了南方饮食文化的一些特点。不同的经营特色会使得茶馆吸引不同类型的茶客，体现不同时代的社会特点，饮茶休闲、饮食、会友、商贸交易、听书看曲等成为茶馆惯有的社会功能，不论是城市茶馆，还是乡村茶馆，都创造了比较包容的公共空间。“为扩大业务，在茶馆内增设书场、戏台，引进民间艺人，安排娱乐消遣活动，留连茶客。”茶馆是茶文化充分发达的产物，是茶文化成为大众文化的标志。茶馆是一个社会化的空间，就像老舍先生曾写道：“茶馆是个三教九流会面之处，可以容纳各色人物。一个大茶馆就是一个小社会。”古代，既有文人士大夫约友于茶馆，也有商贾老板于茶楼谈生意，更多的中下层市民则将茶馆作为聚集的公共场所。在近代，茶馆成为市民生活中不可缺少的公共场所。人们通过茶馆，聚会聊天、休闲娱乐、了解信息、调解纠纷，还进行商业活动，随着城市近代化进程的迅速发展，喝茶日益商业化、行业化。“宣

---

① 徐晓村主编．中国茶文化[M]．北京：中国农业大学出版社，2005：188.

统元年，上海有茶楼64家，到民国八年达到164家。”[①]这些场所成为人们重要的休闲场所，也与民间表演互相依存，互相促进。许多茶馆的性质已经发生了重要的变化，如1912年上海的楼外楼已经成为具有说书、唱曲、变魔术等节目表演的娱乐场所。江苏镇江因“近自交通便利，一般男女醉自由之美名，茶园酒肆，杂沓盈座。甚有贪利之徒指定茶园，雇人弹唱淫词引诱青年，为害风俗实非浅少”[②]。

上海作为时尚的开路先锋，传统的茶馆更是体现出与时共进的特征：

沪上茶室闻创始于一洞天，其后继之者，丽水台最为著名。高阁临流，轩窗四敞，左右后三面皆棋盘街，万楼莺燕，笑语皆通，寻花问柳，皆于斯嘲风弄月。曾几何时，世交沧桑而丽水台则已平屋矣！今则四马路之一层楼，万华楼、升平楼、菁华楼、乐心楼更驾而上之，而五层楼更为杰出。余尝偕友人登五层楼之颠，俯视其下，见夫轿如风，人车如走马，马车如飞龙，如滚波涛，如千万军旌旗摇闪而过。其人如蚁聚，其声如蜂屯，又如鱼丽、鹅鸭之阵蜿蜒而来，忽闻笙歌笑语、环佩之声，飘渺凌空，若远若近，若上若下。……若夫石路则有百花锦绣楼，宝善街则有阳春烟雨楼，大马路则有五云日升楼，黄浦滩则有天地一家春，城中庙园则有湖心亭、得意楼，或高阁临风，或疏窗映水，亦无不器具明洁，清光璀灿。至于

① 汤伟康等编．上海轶事[M]．上海：上海文化出版社，1987：215.
② 知事维持风化[N]．申报，1914-12-05.

松风阁以茶胜，一壶春、载春园以地胜，广东之怡珍同芳居以装潢胜，此皆别地所无者。夫别处茶室之设不过涤烦解渴，聚语消闲，而沪上为宾主酬应之区、士女游观之所。每茶一盏不过二三十钱，而可以亲承款洽，近挹丰神，实为生平艳福。昔欧阳公云："醉翁之意不在酒。"而沪上之饮茶亦不在茶。此茶室也，亦游沪者必有事也。[①]

后来，"一洞天已闭歇，丽水台改寻常楼屋"后：

近惟松风阁以茶胜，宝善园以地胜。大马路之一壶春，宝善街之渭园、桂芳阁，均极热闹。城中庙园茶肆十居其五，惟湖心亭最佳。高阁迎风，疏窗映水，尘俗中未尝无清凉境界也。

广东茶馆，向开虹口。丙子春（1876），棋盘街北新开同芳茶居，楼虽不宽，饰以金碧，器皿咸备，兼卖茶食糖果。清晨鱼生粥，晌午蒸熟粉面、各色佳点，入夜莲子羹、杏仁酪，视他处别具风味。[②]

其中时称"沪江第一"的青莲阁上下共三层，除设茶座外，还兼营书场、戏院、弹子房，并兼售西点，光顾者可随意听唱、游艺、购物、唤妓或临街观景；天津权仙茶园自从1906年12月8日开始专演电影后，"每天早晚开演真正头等电戏"，原茶园被重新改造，"园中上下，修饰华美，炉烘温暖，电光灿烂，非别园可比"。

① 池志澂．沪游梦影录[M]．上海：上海古籍出版社，1989：159.
② 池志澂．沪游梦影录[M]．上海：上海古籍出版社，1989：159.

茶馆是从饭馆或其他行业中独立出来的，但又与其他行业有着千丝万缕的联系。虽然经营形式不同，但茶馆的功能一向就是多样化的，这正是茶馆休闲的开放与包容精神的体现。近代，休闲主体的社会化程度、休闲空间的公共化程度进一步提高，反映了城市居民生活的进步与城市观念的进一步开放。茶馆可视为社会休闲和公共生活的灵魂，茶馆把人们聚集在一起，是深受人们欢迎的休闲设施，能够为人们提供一种并非所有设施所能提供的舒适与愉悦。在茶馆这一公共空间，人们被接纳的感觉适用于各类人，这使得茶馆这一典型的中国式休闲场所呈现出一种向现代游艺场方向发展的新气象。

西方生活习俗的冲击也对茶馆的生意造成很大影响，咖啡馆、西餐馆、酒吧、饮冰室在公园或街头巷尾的出现，使茶馆的娱乐、休息、解渴等作用被削弱了，许多茶馆关门大吉了。江苏吴兴县城的茶馆数量在民国二十一年（1932）尚有64家，到民国三十二年（1943）时，少了30家。近代，上海最大的阆苑第一楼在1912年以后也关门停业了。鲁迅先生在其《喝茶》一文中调侃道："有好茶喝，会喝好茶，是一种'清福'。不过要享这'清福'，首先就须有工夫，其次是练习出来的特别的感觉。由这一极琐屑的经验，我想，假使是一个使筋力的工人，在喉干欲裂的时候，那么，即使给他龙井芽茶、珠兰窨片，恐怕他喝起来也未必觉得和热水有什么大区别罢。"可见喝茶必须是摆脱生活压力之后的一种追求自由享受的消遣，茶馆便是这种消遣的场所之一。近代茶文化史上，以周作人为代表的一批文人墨客对于茶文化之“喝茶之道”发表了自己的见解。周作人写有《北京的茶食》《喝茶》等文章，他追求“一种焚香静坐的安闲而丰腴的生活”，倡导“喝茶当于瓦屋纸窗之下，清泉绿茶，用素雅的陶瓷茶具，同二三人共饮，得半日之闲，可抵十年的尘梦”。如果不是周作人发表休闲言论正值日本侵略者占领我国东北，民族灾难深重，国家存亡之际，那么单从“喝茶之道”的角度来理解这种“追求”与“倡导”是有其道理的。但是因此话的不合时宜，周作人遭到了以国家民族存亡为己任的先进知识分子的猛烈抨击。阿英先生在其《吃茶文学论》一文中讥讽道：“我们不能不欣羡，不断的国内外炮火，竟没有把周作人的茶庵、茶壶和茶碗打碎呢，特殊阶级的生活是多么的稳定啊。”

以上种种可见，由于近代的多灾多难，虽然茶馆的包容性很强，但是终究缺乏一种稳定的安闲，茶馆的平民性休闲也难以最终持续。

第二节　现代社交方式

当人们走入休闲场合时，便是进入了一种让自己放松愉快的社交场合。随着华洋杂居以及中西生活在中国近代的进一步融合，近代人的消遣娱乐方式也改变了，上海便是被西方娱乐方式最先影响到的城市。1850年，虽然租界内举行了第一次交谊舞会，此后这项活动经由外侨经教会学校的学生而得到传播，但是直到19世纪80年代，社会社交活动仍未开禁。这时，沿海一些大城市有一批处在社会下层的女性，以自己的行动勇敢地突破礼教的禁区，争得自己的社交自由和自主择偶。

与社会上层蛛丝马迹的活动相对应，社会下层也出现了许多变动。随着城市化和商业化的发展，农民进城打工者日益增多。在江南城镇，女性率先走出家门，走向社会，成为工厂或家庭的雇工，大量单身女性流入城市，以及城市妇女的就职，扩大了女性生存的空间和社会交往，成为社交史上的一大突破。生活方式的变化突破了礼教的约束，首先在“人之性”之一的男女情感上得到体现，追求自由情感自由恋爱的、出入公共场所寻找娱乐和消遣的也日见其多，甚至出现“台基”这样的情人旅馆。有记载说：“乡间妇女至沪佣工，当其初至时，或在城内帮佣，尚不失本来面目。略过数月，或迁出城外，则无不心思骤变矣。妆风雅，爱打扮，渐而时出吃茶，因而寻姘头，租房子，上台基，无所不为，回思昔日在乡之情事，竟有判若两人者。”[①] 有些大台基的女子甚至出自中产阶层的富裕之家。这种风气之盛，使得当时的人惊呼：“是将使上海之人，男无不有外舍，女无不有姘头夫也！”[②] 这些资料说明对闲适情感的追求带来了一种新的感情生活方式和社交方式，在城市化的过程中，这种“同居”“露水鸳鸯”被时人指责为世风败坏的现

① 津门纪略 [N]. 上海：申报，1877.
② 论禁令宜申 [N]. 上海：申报，1876-06-16.

象，虽然其中也不乏道德问题，但是不能简单地仅仅以此来评判，这是经济生活的发展、生活方式的变化带来两性关系的必然变动，是不可逆转的潮流，这也是社会对于新的休闲生活的一种渴求。

当社会下层我行我素，无法无天地敞开了男女设防的大门时，社会上层的重重束缚依然较难突破。直到19世纪70年代的上海，还有人在《申报》上讽咏西人男女共聚教堂之“陋俗”：“天主堂开法界中，七天礼拜闹丛丛。男和女杂混无耻，乱道耶稣救世功。”至于西人男女习以为常的在街上携手同行，则被讥为：“西夷男女不知羞，携手同行街上游。亵语淫声浑不顾，旁人但听只啾啁。”[①] 西人尚被如此指摘，华人自不待言。1878年，中国驻英使臣郭嵩焘携其如夫人宴请外宾，这是中国上层女性第一次进入官府接待外宾，男女社交首次正式出现在公众视野，引起舆论大哗，一时被“传为笑柄，而群指郭公为淫佚放荡之人”[②]。郭本人因此受到朝野上下的指责，多年不息。自古以来，官方一直视男女有别为礼教之大防，便是近代新式学校开办以后男女能否同校的问题，也是经历了几多周折，几番起落。1917年7月19日，京师万牲园开放，这是中国第一座西式动物园，游览规则制定男女不同游，一、三、五、日对男性开放，二、四、六对女性开放，“以昭严肃”[③]，可

① 上海社会科学院文学研究所编．多维视野的文学文化研究[M]．上海：上海社会科学院出版社，2008：302.

② 钦使宴客[N]．申报，1878-11-15.

③ 刘志琴．思想者不老[M]．天津：天津古籍出版社，2001.

见男女壁垒之森严。1919年4月，《新青年》发表《男女社交公开》一文，指出：“自从有了‘礼教’两个字，那么男女有起界域来了！有起礼防来了！男女的交际秘密起来了！男女的情感变成不可以对人说的了！因为这种种的缘故，就生出什么‘奸淫’‘贞操’‘节操’等的问题。”当男女共同享有社交自由的时候，其引起的轰动与指责是必然的。

但是社交圈子的渐渐扩展已经势不可当，生活在租界里的书寓、长三等游离于正统伦理之外的高级妓女，因为较少顾忌道德，敢为天下先，在晚清大部分的时间内，成为唯一能百无禁忌地出入各类公共场所的女性群体。如在戏园：“戏文有彩最难抛，名妓台前影已交。远盼两廊多认识，佳人身上挂香包。”又如在茶馆：“自创为事事讲究之茶馆，然后妓馆一流人，每于饭罢空闲，挈伴偕临，借以消遣，欲茶欲烟，随心所好。”①《海上花列传》中也记载红倌人出则盛妆、行则马车，“必于四马路来回一二次”，说明19世纪90年代，上海租界的马路已非《王韬日记》中的“西人女子”及其“怒马轻车”的专属。小说描写的“女性”虽未脱妓家圈子，却也真实地反映了中国女性走向社会的初始情景。城市发展与西俗的影响已为女性参与公共社交提供了条件。

随着社会生活中娱乐形式的变化，娱乐内容也随之改变。上海的社会风气亦与晚清不同，不仅妓女可以出入菜馆酒楼，寻常人家的女儿亦可光顾茶馆酒馆这些公共场所进餐。到20

① 洋场妇女出入烟馆茶楼说[N]. 上海：申报，1885-01-09.

世纪30年代，上海建成了许多一流的舞厅，外侨的消遣娱乐也不用再局限于租界内聚会，当时的百乐门、大都会、仙乐斯等舞厅，规模之大，陈设之豪华，在远东绝无仅有。男女社交更是进入了一个新阶段。随着电影事业在上海的兴盛，20世纪40年代，沪上各大酒楼、茶馆纷纷请歌星献唱，此外，滑稽戏、魔术表演等节目亦现身这些公共场所，饭店越来越成为集餐饮、娱乐于一体的社交空间。20世纪40年代以后，饭店除了歌星献唱、音乐伴奏、滑稽戏、魔术等这些娱乐项目外，还允许客人自费召妓侑酒、雇戏班唱戏，由此也可看出饭店娱乐功能的增强。在此时，饭店不仅是饮食场所，还是一种社交娱乐空间。人们在其中其实是同时在消费食与色。

除了异性结交是当时社交的主要现象之外，创会结社也是公共社交的重要方式之一。中国历代不乏禁止集会结社的律令，尤其自明代以来，禁令更严，“士人不予国政”的观念牢不可破。但是结社向来是屡禁难止的。鸦片战争之后，作为社会的思想精英、视治国平天下为己任的知识分子一直进行着救国救民的努力，启蒙民智成为他们坚持的任务之一，一直到戊戌维新时期，立学会、办报刊、兴学校仍是知识分子广开民智的三件法宝。休闲作为人类对自身精神需求的一种本能，随着民智的开启而进入社会公众的生活中。

在近代特殊的历史时期，主流的爱国知识分子纷纷将创会结社扩展为全社会范围，发展社会教育。1914年，北京通俗教育研究会创办了露天学校，一些社会团体组织的露天学校也取得了一定成效。北京各大专院校组织的“北京社会实进会”“创设以来，凡关于道德、教育、卫生以及种种慈善事业如贫民夜校、演说会、游艺会、阅报社、图书社等，该会无不竭力提倡，力谋进步。会中供职人员完全义务，不给薪资”①。上海于1916年7月准备开始办通俗教育博物馆，并开音乐、体育二部。上海通俗教育馆于同年11月1日开馆。各地通俗教育会经常进行演讲，宣讲道德教育，如勤奋、博爱、诚实、守信、自治、自修、自爱等。1919年，直隶教育厅发布社会教育的训令：“一曰扩充宣讲所、阅报社，以开通民智也”，“一曰筹设戏曲改良社，以转移风俗也”，“一曰改良年画，以新人耳目”。同年7月11日，上海13个团体成立了国民教育促进团，以“培养国民道德爱国精神，实施通俗教育，代用学校教育”为宗旨，在城市中开展社会通俗教育，掀起平民教育的高潮，提高大众的知识水平，改良其道德习惯，从而改进社会风气。②

1919年，北京大学学生邓康（中夏）、廖书仓在北京大学发起组织平民教育讲演团，以“增进平民知识，唤起平民之自觉心”为宗旨。1919年3月，该团正式成立时，有团员39人，其中多数为《国民》杂志社和《新潮》社成员。其后还有一些人相继加入。邓康（中夏）、廖书仓在北京大学发起组织的平民教育讲演团在五四之前，主要进行了两次讲演活动。第一次是4月3日至5日在东便门内蟠桃宫，因恰逢庙会，听众不

① 社会实进会夏令工作之状况 [N]. 天津：大公报，1916-08-01.

② 国民教育促进团成立 [N]. 上海：民国日报，1919-07-12.

少。“是时黄沙满天，不堪张目，而其听讲者之踊跃，实出乎意料之外。唯第三日因为该庙会最终之期，故较前两日稍少。”讲演讲主题有：“平民教育讲演之意义”“如何求幸福”“勤劳与知识”“赌博之害”“改良家庭”“公德”“念书的利益”“迷信”“职业与息争”“家庭与社会”“国民应尽之责任”“利己与利他”，等等。4 月 27 日，讲演团又在“地安门外护国寺讲演，讲演员到者 13 人”。主要讲题有:“互相帮助”“头彩 10 万元”“国家思想”“戒烟”“交友之益”“权利”“天赋与人造”“为什么女子要守节”，等等。可见，平民教育讲演团已不是进行一般的道德说教和风俗改良，而是包含了一定的民主思想启蒙内容。这种通俗教育是休闲娱乐由特殊群体的少数行为转向公众行为的必要基础。

1919 年夏，北京高等师范学校的部分教员和学生又组织了平民教育社，也主要以普及教育为己任。该社共存在 5 年之久，成员最多时，达 140 余人。它于 1919 年 10 月 10 日正式创立《平民教育》周刊，对平民教育思想进行了理论阐述，认为：“教国民人人都有独立人格的与平等思想的教育，就叫作平民教育。平民教育是平等主义的教育，不是阶级主义教育，是为造就一般公民的教育，不是造就少数贵族或有特殊势力人的教育。”[①] 在他们看来，平民教育不只是一般的教育改良，而且是实现平民政治的途径。“平民教育的目的，求人人都知道怎样才是真幸福，兼明白求幸福的法子。”这种幸福观的教育无疑为促进社会追求休闲奠定了基础。“不先有了平民教育，

① 平民教育谈 [J]. 平民教育，1919(4) :11.

哪能行平民政治。”[①]这里包含了教育救国论思想，同时也宣传民主思想。“若想优游于平民主义的天地，踏平这个高高低低的社会，第一步须得打破那些愚民政策，开放这种独占的教育，把神圣的教育普及到一般神圣的平民身上……（平民）受着程度相等的教育了，平民主义的基础方才稳固，平民主义的社会才能完全实现。”[②]显然，这与一般的通俗教育、社会教育大不相同。平民教育、平民教育思潮与活动体现了平等和民主精神，具有明显的进步意义，是五四思潮在教育领域的反映。正如李大钊所言：“Democracy 的精神，不但在政治上要求普通选举，在经济上要求分配平均，在教育上、文学上也要求一个人人均等机会，去应一般人知识的要求。”[③]平民教育适应了人民群众追求幸福的要求。

有的社会精英还提出，在农村某个地方，用集资的方法，结合多数农业学者和农民组成一个农团，把他们培养成一种新式农民，即“新农村观”。系统地传播这种“新村”思想并产生广泛影响的是周作人。他认为：“新村运动，却更进一步，主张泛劳动，提倡协力的共同生活，一方面尽了对于人类的义务，一方面也尽各人对于个人自己的义务；赞美协力，又赞美个性；发展共同的精神，又发展自由的精神。实在是一种切实可行的理想，中正普遍的人生的福音。”[④]其实这种思想恰恰是

① 发刊词 [J]. 平民教育，1919(1)：1.

② 平民主义和普及教育 [J]. 平民教育，1919(12)：7.

③ 李大钊 . 劳动教育问题 [J]. 新青年，1919-12-1-12-15.

④ 周作人 . 日本的新村 [J]. 新青年（6 卷），1919(3) .

一种文人的休闲理想。他认为人们在体力劳动之余，大都从事艺术上的研究与创作，艺术的空前普遍，“生活的物质的满足，结果不免成为一种老死不相往来的静的生活。学术艺文的精神，常使我们精神相通”。在周作人看来，新村主义不是一般的艺术生活，而是要对现今的社会从根本上进行改革，只是新村主义，希望平和地造成：“我是喜欢平和的，因此赞成新村的办法罢了。”他还在城市建立“新村支部”(1920年2月)，但也只是做了一些纸上谈兵的工作。

毛泽东、恽代英、林育南也曾打算组织新村。恽代英在1919年11月1日的日记中写道：“我们预备在乡村中建造简单的生活，……我想，我们新村的生活，可以农业为根本，兼种果木，兼营畜牧。这样做去，必然安闲而愉快。”他们的设想没有实行，但到1920年，新村主义更为流行了。京、沪等地报刊不乏介绍新村主义的文章。如《晨报》刊载《日本新村游记》，介绍了日本新村的生活劳动情况及图书馆、公共室、厨房等设施。李大钊、郭绍虞、沈玄卢均对新村运动的弱点提出了批评，对以新村主义来改造社会的可行性提出了怀疑。

少年中国学会执行部主任王光祈把以上各种新思潮加以糅合和提炼，创造了一种“中国式……主义”，和新村的设想差不多，不过增加了读书、译书的时间，构成比较完整的“半工半读”而已。“我们先在乡下租个菜园，……菜园中间建筑十余间房子，……楼上作我们的书房、阅报室、办公室、会客室、藏书室、游戏室，等等；……房子后身砌上一个球场。

园子周围挖下一条小溪，溪边遍植柳树，柳树旁边就是竹篱，竹篱里头就是我们的菜园了。”每日有工读时间：“(一)种菜两钟；(二)读书三钟；(三)翻译书籍三钟；其余钟点均作为游戏、阅报时间。附设一个平民学校，学生到学校读书，不纳学费。”“每逢星期，还要聚集他们开一个演说大会。”“还要开演幻灯，或购置留音机器一架，使他们大家快活呀！”王光祈设想了这样一种美妙的菜园子生活：“我们纯洁青年与纯洁农夫打成一气，要想改造中国是很容易的。”[①] 这种设想完全符合现代意义上的休闲概念，但空想终究不能成为现实，王光祈也不得不很快把这种菜园子“新生活”移植到城市来实行，从而又创造了一种“城市中的新生活”。王光祈把这种城市“新生活”的小组织定名为工读互助团，其受到了很多人的欢迎和支持。各地也纷纷效仿，但终究还是一场美好的共产主义梦想而销声匿迹了。

以上思想充满了休闲从容的色彩，但也不无消极避世的色彩，因而“胡适说新村是独善主义，又说同以前的隐者实际上精神上都是一样”[②]。这种文人的休闲新村，离开物质的支持与精神的共进，终究还是一种无法实现的乌托邦式休闲理想。

这种思想在五四前后流行于中国知识界，无疑具有一定的社会基础和思想基础。在中国这个小农经济的汪洋大海中，无

① 王光祈，王光祈致君左 [J]. 少年中国学会会务报告，1919(4) .

② 钟叔河编订 . 周作人散文全集・新村运动的解说 [M]. 桂林：广西师范大学出版社，2009：212.

论是古代的士，还是近代知识分子，一般都与田园经济生活有不可分割的联系，他们的心理深层积淀着留恋乡土的心态。当他们对社会现实不满而又无力改造时，归隐乡村的观念便产生了，这同古代官员退隐“休闲”如出一辙，可见道家思想和世外桃源的生活理想一直对知识分子影响深远。

但自古以来，雅俗文化的分野使得文化人有意拉开与俗文化的距离，疏离世俗生活，对于世俗生活往往抱着以教化凡夫俗子的心态去看待。生活因为存在上层文化和下层文化的差距而无法真正实施一种适用于普遍人类的休闲观。不过近代文人社会教育的努力在很多方面产生了不容忽视的效果，在很多观念上值得后人继续。

通俗教育日渐发展，儿童教育思想发生了转变。“学生是人，不是猪狗。读书而不讲，是念藏经也，嚼木札也。钝者或俯首受驱使，敏者必不甘心。人皆寻乐，谁肯寻苦？读书虽不如嬉戏乐，然书中得有乐趣，亦相从矣。”“若日以夏楚为事，则其弟子固苦，其师庸乐乎？故观其弟子欢欣鼓舞，侈谈学问者，即知是良师也。”“功名、学问、德行，本三事也。”但是即使得不到功名，读书也“可以自娱”“可以教子”“使乡里称善人，士友称博学”[①]。这既是近代教育改革的一种举措，也是当时人们休闲观在教育上的一种体现。功利不再是教育的唯一目的，自娱快乐，让教育变得休闲舒适也成为当时人的一种生活方式。

① 江建霞．灵鹣阁丛书（第1集）[M]．苏州：振新书社，1895：32.

社会教育相对发展了，各种通俗教育也时常出现，教育部于1914年2月19日公布了《半日学校规程》，招收12～15岁的学生，主要补习国文、算术、体操、修身等课程。之后，北京通俗教育会于1914年3月22日开讲演会，讲授“破废学之讹传”“自由平等之真义”“贫之原因”“巴黎见闻口述”“国民道德”“风琴歌曲”“家庭教育”“改良聊斋”“清洁与卫生之关系”“公德私德”等内容。上海通俗宣讲社常以实例宣传文明风气。这些宣讲活动多在大城市进行，主要是京、沪两地，后来，北京于1914年成立周行宣讲社，赴全国各地演讲，把通俗教育向基层推进。

1914年12月公布的《整理教育方案草案》提到了“以补充群众道德及常识为目的”的通俗教育、社会教育的重要性，如图书馆、通俗演讲、通俗书报均在关注之列。有的地方设立游民教养所，“乡民游民，强迫入所，教以一技一艺”[①]。此等举措不仅仅是一种教育的实践，也是一种思想的普及，使社会教育真正开启民智，人们的视野真正开始开阔，无疑也带动了整个社会休闲质量的提高，人们的视野和休闲空间开始由国内向国外扩展，人们开始真正地放眼望世界。如果之前的放眼望世界是一种远观，是一种期待，那19世纪末20世纪初，特别是五四前后知识分子的社会通俗教育掀起了又一轮放眼看世界的热潮，同时意味着人们将迈出脚步，社交空间从国内扩展到国外。

① 游民教育之得所[N].天津：大公报，1919-10-13.

第三章　传媒与休闲

近代社会是思想文化变动相当剧烈的时代。当移风易俗活动在社会广泛展开的时候，教育民众成为志士仁人不可推卸的责任。这时，传媒成为重要的工具。

第一节　报纸与阅读休闲

一、传播空间与休闲

中国近代报刊在纷繁复杂的时代背景中成长并壮大，最初大都以开民智为目的。作为文化传播载体的报刊逐渐成为休闲小说的主要载体和传播媒介，报刊媒介的这一转变，促进了休闲性文学小说的发表和传播，并对作家、读者的休闲观产生了巨大影响。

在印刷术没有发明之前，我国古代所有的书籍都靠手工抄写，这就使得一部作品完成后，其传播空间只限于亲朋好友，这种传播方式对于作者和读者群的制约非常明显，使阅读物局限在应制对答、赋物题辞、书信往来、自抒胸臆等封闭方式中。我国印刷术发明虽早，但直到道光廿七年（1847），伦敦布道会传教士麦都思（Walter Henry Medhurst）才携带中文铅字与印报机来上海，开办了第一个中文印刷机构——墨海书馆；咸丰八年（1858），美国长老会姜别利（William Camble）才以较经济的手法制造了中文字模，并改革中文排字架；同治十一年（1872），《申报》采用了英制印刷机出版报纸；光绪二十四年（1898），日本人开始向我国运销印报机，印价才更为低廉。现代印刷技术、出版发行制度在中国出现后，一大批报纸杂志才开始创刊，传播媒体才随之膨胀。之前由于出版方式的落后，中国的读者群范围狭窄，显然不能使文学的休闲功能成为现实，休闲意识的传播也有局限。正是报纸这种大众传播媒介出现后，技术上的限制被打破了，传播空间的局面被打开了。杨义先生曾经说："现代文学与古典文学的根本区别在于它拥有报刊。"[①] 相对于其他媒介，报刊是一种定期出版物，这就使一个稳定的读者市场的出现成为可能，报刊能够培养读者的阅读习惯，培育了最初的文学消费市场。读者群的形成改变了文学的发展格局，也可以说，近代报刊促成了休闲传播媒介和方式的变革。

华人办的第一份近代化报纸《察世俗每月统记传》是1815年创办的，后来又有伍廷芳在香港创办的《中外新报》（1858）、陈言在香港创办的《华字日报》（1872）、艾小梅在汉

① 杨义．中国新文学与现代中国精神谱系《中国新文学图志》新序及小序[J]．文艺争鸣，2008(3)：14.

口创办的《昭文新报》(1873)、王韬在香港创办的《循环日报》(1874)。

上海《申报》曾介绍说:

自通商以来,西人来华者甚众,中国风气渐开,香港、广东、福建、上海、汉口、天津等处先后开设报馆。又有教会各报及月报、七日报等,不下数十种。通上下之情,知四方之事,凡国家政教之损益,民间风气之厚薄,无不备载于中。[①]

国内有识之士有感于闭塞误国,纷纷办报启蒙民智,北京的《万国公报》(1895年,第46期开始改名《中外纪闻》)、上海的《强学报》(1896)成为开启民智的两大喉舌。但风气初开,社会上的旧习气仍占优势,低格调的各种淫戏、凶戏、淫书仍有大量的观众和读者,预示了日后小说界革命和戏剧界革命的必然兴起。

1911年武昌起义后,民主思潮澎湃一时,出现了比较宽松的文化氛围。新政府废除了《大清印刷物专律》《报章应守规则》《大清报律》等有关规定,并对报纸予以保护,规定"人民有言论、著作、刊行、集会、结社之自由"[②],各地报纸业迅速发展,主要集中在北京、天津、上海、广州等地。传媒的发达、城市的发达是统一的,这在物质上、精神上为休闲在城市的发达创造了条件。

袁世凯当政时,一再限制报界自由,袁氏死后,重新开放

① 论阅报大有益于人[N]. 申报,1895-06-12.

② 中华民国临时约法(第六条第四款)[Z].1911.

舆论的呼声高涨，20多种报纸被解禁[①]。1912年6月4日，中国报界俱进会在上海召开特别大会，通过了《加入国际新闻协会案》等七个议案，报业迅速发展。据统计，1886年，中国有各种报纸杂志78种，至1901年达到124种，1906年，仅上海的报刊就达到66家之多，这时，全国出版的报刊总数则达到239种。1911年，中国的各种报纸杂志有500种，1921年则达到1104种。[②]其中从1911年12月25日到1912年10月15日，各报社向内政部立案者共有89家，全国报纸由10年前的100多种增至近500种，总销数达4200万份。[③]

启蒙虽然使近代的报刊蒙上了一层功利的色彩，但启蒙的直接结果是社会资源大众化，社会资源的大众化使传媒由启蒙转为休闲水到渠成。例如，清末民初出现的各种期刊画报类通俗读物迅速发展，时事画报、月份牌画、连环画、漫画等争胜一时，以通俗易懂、风趣幽默的方式传播时事。《良友》创刊于民国十五年（1926），停刊于民国三十四年（1945），是我国最早的8开大型综合性画报。20年间，《良友》共出刊172期，共载彩图400余幅、照片32 000余张，内容涉及近现代中国社会的发展变迁、世界局势的动荡不安、军政学商各界的风云人物、社会风貌、文化艺术、戏剧电影。该刊物主要是对当时上流社会妇女生活和海外资讯的报道，定期刊登画家们所创作

① 恢复言论自由 [N]. 上海：申报，1916-07-13.

② 费正清，章建刚等．剑桥中华民国史（第一部）[M]. 上海：上海人民出版社，1991：484.

③ 戈公振．中国报学史 [M]. 北京：中国新闻出版社，1985：226-227.

的新款式以及国外最新的时尚流行服饰，并刊有当时的社会名流与歌舞明星的近照，从其内容和阅读对象来看，这是一本典型的休闲杂志。这种类型的杂志在当时可谓是一种潮流。这些报纸杂志以面向大众群体为目标，出于商业的利益，往往迎合大众的审美趣味。以休闲娱乐为目的的大众艺术开始大量出现，不仅为国人提供了一种大众娱乐方式，也从根本上改变着国人的休闲观念。同时，西方光怪陆离的世界开始为中国民众所接触，西方各种传奇故事小说大量翻译介入中国。1840—1919年，翻译的西方小说多达2545种，仅1898—1919年的20年间，翻译小说就达2525种，这些域外小说的刺激也培养了一种大众娱乐的审美趣味。[①] 后来随着通俗画报的增加，许多庸俗、低级趣味的画报泛滥成灾，干扰了这一类休闲创作方式的进一步发展。梁启超曾批评1912年以来的小说"其什九则诲盗与诲淫而已，或则尖酸轻薄毫无取义之游戏文也"[②]。梁启超从启蒙出发，批评当时的文艺世界没有承担起道德教化与社会启蒙的任务，但恰恰从这个"什九"都是"游戏文"的判断中，可以看出当时以娱乐消闲为宗旨的作品之多。

由于印刷技术的发达，近代小说的传播渠道已由手抄本、木刻本变为现代化、大众化的报刊了。大众文化凭借现代传媒技术，为大众消费而制造文化产品，一改传统的说教面孔，走

① 郭延礼．近代西学与中国文学 [M]. 南昌：百花洲文艺出版社，2000：329.

② 梁启超．饮冰室合集（第 4 册）[M]. 北京：中华书局，1989：68.

向商业化和娱乐化。大众文化社会价值的真正显示是在现代工业文明出现后。以1861年创刊于上海的第一份中文报纸《上海新报》来看，报上所登，仅新闻与广告而已，不但没有副刊，一篇文艺性文字也看不到。到了1872年，上海《申报》创刊，便开始公开征文："如有骚人韵士，愿以短什长篇惠教者，如天下各省区竹枝词及长歌记事之类，概不取值。"这时的艺文仍属广告性质，但同一时期的小报却以全力来注意文艺方面的事。它不刊登国家大事，专以揭露街谈巷语、隐私秘闻为快，此外兼及戏词、游戏文、笑林、剧评、灯谜、小说等，以趣味为中心。而19世纪七八十年代，正是中国民族工业开始兴起之际。李伯元创办了《游戏报》，首开小报风气。后来，大报模仿这一办法，辟一专版，扩充文艺性文字的数量，随正张附送，便成了正式的副刊。这种副刊始见于光绪二十三年（1897）十一月上海《字林沪报》附出的《消闲报》。该报创刊号上登有《沪报附送消闲报说》一文，谓其所刊"有因小见大者，亦有以庄杂谐者，语必新奇，事多幽渺。譬如《南华》名经，汪洋恣肆；《北里》作志，倜傥风流"，是"资美谈而畅怀抱"的游戏笔墨①。

以消闲娱乐为目的的文学作品成为当时的文学主流。陈平原先生曾经说："晚清小说重教诲，读者面小，办小说杂志赔本，故好多小说杂志出没几期就停刊；民初小说重消闲，读者

① 郑贞铭.大学用书·新闻采访与编辑[M].台北：三民书局，1978：385.

面迅速扩大，办小说杂志成了生财之道，书局和编辑（一般为作家所兼）均有利可图。以娱乐为目的的小说比以教诲为目的或以审美为目的的小说销路好，这大概古今中外绝少例外。只是正常的情况下，这类小说在整个文坛不占主导地位。而民初小说之所以备受责难，就在于这种俗化的倾向成了小说界的主潮。”① 当时很多消闲杂志如《游戏新报》《消闲月刊》《游戏世界》《及时行乐报》《娱闲日报》《红杂志》《红玫瑰》《礼拜六》《半月》《星期》《紫罗兰》等，从名字上就能看出其娱乐消闲的取向。这些杂志都是“畅销”杂志，可见游戏消闲是清末小说及报刊文艺之正统。《礼拜六》发刊词所说，每天大家都要从事职业，只有礼拜六才能有休暇读小说，可见是工作之余的阅读，应由此处去理解。《眉语》创刊宣言亦云，他们的游戏文章是供“璇闺姐妹以职业之暇，聚钗光鬓影之能及时行乐者”阅读。《小说画报》凡例更指明：“小说以白话为正宗，本杂志全用白话体，取其雅俗共赏。凡闺秀、学生、商界、工人，无不咸宜。”诸如此类，显示了晚清以迄民初通俗文学的读者结构和传播空间。

虽然如此，这些“游戏文”还是不忘标榜并非专为游戏，实欲借事寓言，为唤醒痴心妄愚起见，或讽咏，或劝惩，俱存深意。如《眉语》杂志创刊号发表的《眉语宣言》就说：“虽曰游戏文章、荒唐演述，然谲谏微讽，潜移默化于消闲之余，

① 陈平原．二十世纪中国小说史（第一卷，1897—1916年）[M]．北京：北京大学出版社，1989：114.

亦未始无感化之功也。”[①]可见近代文人并未忘记传道授业的祖训。

二、休闲作者群的出现

近代休闲的难能可贵之处在于从苦难中求闲，近代休闲文人的难得之处也在于能于不幸中不失人性地对休闲进行追求。

作家创作中商品意识的萌现对那些深受传统文化影响的早期职业作家来说，一时是难以适应的。但他们又是随着小说传媒变化而成长起来的，很多人在从事创作时，其心态并非是休闲的：明明是创作着为人提供休闲娱乐的读物，在从事着“卖文”的行当，却总也放不下“经国之大业，不朽之盛事”的训诫，念念不忘“改良群治”。这种矛盾的心态也直接反映到了他们的小说创作中：虽然迎合大众的休闲趣味，以便取得青睐，却又不忘“意存惩劝”，以显示自己的不俗身份。但无论如何，迎合大众的口味、迎合大众的休闲成为这一阶段文学创作的特征之一。这必然促进文学休闲的发展，使休闲创作和休闲阅读都成为可能。正如陈平原先生所说，这些打着启蒙劝惩的报刊，特别是小说，实际上“都是犹抱琵琶半遮面的官样文章，不得不说，可说了等于白说。既然立意消闲，即使硬贴上教诲的词句也无济于事”[②]。这些贴上去的“曲终奏雅”式

① 宣言 [J]. 眉语，1914(1)：1.

② 陈平原 . 中国现代小说的起点：清末民初小说研究 [M]. 北京：北京大学出版社，2005：116.

的“劝百讽一”掩盖不了他们娱乐主义的追求，有时甚至欲盖弥彰。

报刊的传播内容取决于办报者的心态。赏玩心态是文人才子的传统，当城市走向市民化后，传统的文人也开始沦没为世俗才子，传统士大夫的使命感渐趋淡薄，虽然他们并不乏社会责任感，但其更乐于享受生活，正像辜鸿铭对中、欧文化进行比较后说的那样：“中国人的玩赏意识超过了他们的道德或宗教意识。”[①]张恨水反复强调他的小说只是茶余酒后消遣之物，他说：“中国的小说还是难脱掉清闲的作用。除了极少数的作家，一篇之出，有他的用意。此外大多数的人决不能打肿了脸装胖子，而能说他的小说是能负得起文艺所给予的使命的。……问题就在这里，我们是否愿意以供人消遣为已足？是否看到看小说消遣还是普遍的现象，而不以印刷恶劣失掉作用？对于此，作小说的人，如能有所领悟，他就利用这个机会，以尽他应尽的天职。”[②]周瘦鹃编刊物的主旨是希望“到处开出最美的花来，给看官们时时把玩”，标榜“游戏消遣主义”[③]。老舍也说，“我初写小说，只为写着玩”，有的作品“是我写着玩的”，是作为“笑话”来写的。[④]刘呐鸥、施蛰存、戴

① 夏丹，孙木犁选编．辜鸿铭作品精选[M]. 武汉：长江文艺出版社，2004：33.

② 张赣生．民国通俗小说论稿[M]. 重庆：重庆出版社，1991：218.

③ 王智毅编．周瘦鹃研究资料[M]. 天津：天津人民出版社，1993：23.

④ 田中阳著．百年文学与市民文化[M]. 长沙：湖南教育出版社，2002：386.

望舒合编的《新文艺》月刊上登载过一篇题为《现代人底娱乐姿态》的文章，公开为娱乐正名："娱乐，这个写在过去的历史中不知道受过几许世间的白眼和凌辱——好一个有决断力的，壮胆的，幽秘着魔术似的，并且饱满着肉底表现呀！……现代人的娱乐生活毕竟是在恶魔似的技巧中，参以数理上的打算及天使底微妙与精致。……生命是短促的，我们所追求着的无非是流向快乐之途上的汹涌奔腾之潮和活现现地呼吸着的现代，今日和瞬间。"①

在玩赏意识的支配下，出现了各种各样的休闲报章，其不仅仅发小说，还有一些品评小报文人才情的内容，比如曾有一篇《论书之战》，把上海小报文人的书法做一排行榜，把这种玩赏雅趣由个人生活空间扩张到事业中去，外化为报纸的游戏和趣味。

《游戏报》常在广告栏里刊登诗钟、灯虎，征求对和。有时报上征对还嫌不够，在报外又组织"艺文社"，出题征文。为了营造报纸趣味性的氛围，休闲文人常给自己起一些稀奇古怪的笔名，如包天笑的笔名有"报馆茶房""跑龙套"和"胡说博士"；毕倚虹的笔名是"娑婆生"；张丹斧自称"丹翁"。《消闲》作者的名字也是五花八门，如消闲生、赋闲生、荣华富贵室主、胡调将军、倒霉人、西装客、可怜的秋香、破字纸篓主、老吃客等。这些休闲类报纸关注的不在追寻意义，而在玩

① 田中阳著．百年文学与市民文化 [M]. 长沙：湖南教育出版社，2002：387.

(游戏、消遣)上下功夫，于是把文字游戏当作休闲方式。随着市民文化的洋场特征越来越突出，小报文人的世俗消遣游戏得到助长，玩从赏中渐渐剥离出来，玩也变换了内容。比如在小报上“开辟一块‘歌女号’的园地”，既“为关心歌女环境做一点小贡献”，也替小报增加一点收入，吸引读者参与。“只要记着‘谑而不虐’这句话”即可。[①]

20世纪初，生活在青岛的一批学者文人可谓是现代休闲文人的典型代表。在那个“国破山河在，城春草木深”的时刻，他们在青岛幽静的小巷里，写作、研究、会友、望海、品茗论文，不仅满怀愤懑地写下了“红烛啊！这样红的烛！诗人啊！吐出你的心来比比，可是一般颜色”这样的悲情之作，他们还能面对大海，欣赏春暖花开，让内心深处那份对美好的追求化作许许多多的散文名作，因为“每天下午，太阳光正射在院落里，夕阳西下，照得海水一片通红，海色天风，最适人意”。老舍在青岛居住的日子里，除了教书、写作、编辑刊物，还在许多地方演讲，尽情地释放着满怀的激情，老舍幽默风趣、蕴意横生的言语曾经那么深刻地吸引了青岛的莘莘学子。1935年，郑振铎曾托王统照以高薪诚聘老舍去上海暨大任教。但是老舍因为习惯了青岛的宁静质朴闲适，也不愿被搅进上海复杂的人际关系而谢绝了。青岛湿润的海风让老舍感受到了炎炎烈日下的宁静，他突然厌倦了奔波在课堂上的生活，把全部的热情投入到了写作当中，开始了“写着玩”的职业。虽然其笔

① 雯白．从今天起学好 [N]. 戏世界，1936-12-27.

下的祥子在黑暗的社会里挣扎着、奋斗着、失败着、沉沦着，但是老舍的思绪常常在文学、自由、理想中，语言是幽默的，文笔是流畅的，读来是愉悦的。

三、休闲读者群的出现

休闲报纸杂志是近代主要的传播媒介，也成为市民读者休闲生活中的重要因素之一。杂志“《良友》一册在手，学者专家不觉得浅薄，村夫妇孺也不嫌其高深”，时人如此评价《良友》。媒体是时尚的重要推广力量，其品种繁多，各有侧重。近代的报纸杂志相当丰富，有《时报》《大公报》《立报》《社会日报》《晶报》《东南日报》《申报》《新闻报》等。20 世纪初期，上海还有著名的英文报刊，如 *North China Daily News* 和 *The Shanghai Times* 等。前者于 1846 年由 *North China Herald* 改版而来，在当时的西文报刊界占有重要地位。*The Shanghai Times* 创办于 1901 年，设有专栏，介绍当时西洋人最为时尚的元素。

随着报刊成为传播的主要媒介，读者群通过阅读报刊逐渐形成。阅报社最早出现在戊戌维新运动时的南方各省。北京于 1905 年始才有阅报社，但发展极快，到 1907 年已经有 45 处，为全国之冠。天津也闻风而动，1905—1906 年，著名阅报社有 6 处。阅报社大者备有报刊 20 余份，小者备有数份，而白话报则是各阅报社必备之报。由于受阅报社的影响，1905 年，北京不少茶楼也都备置报纸供人阅览。不少街区常有人粘贴报纸供人阅览。[①] 除报刊外，中国近代还出现了大量的出版机构，如商务印书馆、广益书局、国华书局、中华书局、文明书局、开明书店、有正书局等，这些出版机构也出版了数目可观的休闲性作品，成为促进社会阅读变化的一股重要力量。

市民阶层的发展以及随之而来的文化商业化倾向更加突出，无论对谁，在这样一个风云变幻莫测的社会中，“都需要一个舒适的臆想世界给予调整、安慰和娱乐”[②]，就如王钝根在《礼拜六》出版赘言中说：“以小银元一枚，换得新奇小说数十篇，游倦归斋，挑灯展卷，或与良友抵掌评论，或伴爱妻并肩互读，意兴稍阑，则以其余留于明日读之。晴曦照窗，花香入座，一编在手，万虑都忘，劳瘁一周，安闲此日，不亦快哉！”[③] 这意味着适应市民阶层需要的游戏文学、休闲文学的应运而生是水到渠成的。

研究欧洲史的学者曾经发现，1890年以后，报纸的商业革命曾使其报道及内容着重犯罪、运动、煽情小说以迎合大众口味。而且19世纪末期，工人把休闲视为正当人权的新观念也普遍开始形成了，这种大众的消闲和他们在社会与经济上的势力也形成了新的大众文化。中国近代与之相似，作为阅读群的小市民不乏工人。光绪二十年（1894），全中国的工人还

① 刘志琴主编 . 近代中国社会文化变迁录（第三卷）[M]. 杭州：浙江人民出版社，1998：458.

② 刘志琴主编 . 近代中国社会文化变迁录（第三卷）[M]. 杭州：浙江人民出版社，1998：205.

③ 王钝根 .《礼拜六》出版赘言 [J]. 礼拜六（1），1914-06-06.

不满10万，其中上海即占46%左右。从光绪二十一年（1895）到1913年，近20年间，上海的工人数又增加了四倍，其中女工和童工占了绝大多数。生活节奏频率的空前增速，使这些人的体力和脑力趋于紧张，工余或夜晚需要松弛一下，这就需要娱乐休闲，而读小说就是娱乐和调节的方法之一，于是这些人成为杂志和报纸的主要消费者。这是鸳鸯蝴蝶派小说出现在上海的重要原因之一。能带来现世满足，或者也可以传之后代的奇事，常常合乎这些读者的口味，从这些“新奇”之事，我们也可以看出社会文化的流俗。比如民国初年的市民刚刚萌生渴望爱情自由的心理，封建传统道德的力量还非常强大。虽然略有个体观念、向往婚姻自主的青年仍然缩手缩脚，不敢真正实践，但是以休闲娱乐为目的的小说在满足消遣需要时，变相弥补了他们生活上的幻想症。对生活在下层的人来说，彼岸世界的传奇性补偿了他们此岸世界中浪漫情怀的不足。因为正是体贴市民需要、以娱乐消闲为标榜的现代都市通俗小说，再加上市民阶层的扩大、文学消费群体的增加，印刷业发展使文学出版降低了难度，于是回避崇高、及时行乐的休闲读者群的出现便自然是水到渠成了。

第二节　通俗休闲文学

近代中国的市民通俗文学不脱消闲、娱乐的秉性，而且市民社会越走向开放，便越走向现代化，越走向商业化，文学消闲、娱乐的秉性更加世俗化和实利化。其中小说是最重要的市民通俗文学样式，其典型代表鸳鸯蝴蝶派文学盛极一时。

一、鸳鸯蝴蝶派

近代文学报刊有一个非常显著的特征，那就是以盈利为目的、与市场关系密切。这难免使文学出现畸形，十里洋场的上海环境特殊，风气浮侈，小说便是文学商品化下的休闲产物，其中最典型的反映就是1912年前后鸳鸯蝴蝶派文学的盛极一时。这一派作家多写爱情小说，佳人和才子“相悦相恋，分拆不开，柳荫花下，像一对蝴蝶、一双鸳鸯一样”[①]，小说主要登在《中华小说界》《民权素》《小说丛报》《礼拜六》等刊物上。其中《礼拜六》这一刊物存在时间最长，适应当时市民阶层及其知识分子的意趣，以消闲娱乐为主旨，具有广泛的读者群，第一期曾发行到2万以上，“礼拜六”成为鸳鸯蝴蝶派的别称。

鸳鸯蝴蝶派小说的兴起，有复杂的社会根源。清末民初，随着新兴大都市的成型，上海商业畸形繁荣，市民阶层和知识分子的数量有了很大的增加。同时，上海滩纸醉金迷、尔虞我诈、唯利是图的社会色彩更加凝重，追求享乐成风，都市通俗小说的需求量也激升。这样，政治和社会的乌烟瘴气对上海的文化控制有所放松或者无能为力，创作者肆意发挥自己的想

① 鲁迅．鲁迅全集（第4卷）· 上海文艺之一瞥[M]. 杭州：人民文学出版社，1981：294.

象，极尽讨好市民读者，满足他们臆想的快乐。北大中文系集体编著的文学史讲到鸳鸯蝴蝶派和黑幕小说时，曾批判这些作品“一以兴味为主”，使人得种种消遣法，指出鸳鸯蝴蝶派当时势力之大，“几乎控制了整个文坛”。张爱玲对鸳鸯蝴蝶派也有微词，“鸳鸯蝴蝶派小说，感伤之中不缺少斯文扭捏的小趣味，但没有恶言”[①]。但从“控制了整个文坛”来看，休闲确实已经成为当时文坛以及社会上一种不可阻挡之势。王钝根在主编《游戏杂志》时也说：“中国无游戏杂志。有之自本杂志始。本杂志将来能于中国杂志界占一位置否？未敢自必；然要之为文人别开生面之作，受一般社会之欢迎，可断言也。故作者以游戏之手段，作此杂志，读者亦宜以游戏之眼光，读此杂志。”这种以游戏的手段来创作、以游戏的眼光来欣赏的要求，确实在社会上引起了很大的反响。质疑过鸳鸯蝴蝶派的鲁迅也曾说：“说到‘趣味’，那是现在确已算一种罪名了，但无论人类底也罢，阶级底也罢，我还希望总有一日弛禁，讲文艺不必定要‘没趣味’。”[②] 同时鲁迅还说：“在实际上，悲愤者和劳作者，是时时需要休息和高兴的。”[③] 可见趣味性和娱乐功能是无罪的。《啼笑姻缘》《金粉世家》等鸳鸯蝴蝶派小说就是适应了都市市民大众的消闲娱乐要求，逐渐使读者进入陶醉的境界，出现了消遣娱乐的效果，并建立起市场和读者群。它们本身就是

---

① 许道明，冯金牛 . 海派小品集丛 · 张爱玲集 · 到底是上海人 [M]. 北京：汉语大词典出版社，1995：97.

② 鲁迅 .《奔流》编校后记 [J]. 奔流，1928(1) .

③ 鲁迅 . 杂感 · 过年 [J]. 莽原，1925(3) .

社会现代化的产物，同时又与文化、文学、公众媒体等共同构成了一个新的公共休闲空间。

但是，由于读者的休闲阅读需求介入作家的创作中，作家过分地追随小说读者的趣味，以致“清末民初小说界热闹有余，成就却不高，大量的作品缺乏独创性，而只是模仿为广大读者认可的‘成功之作’。任何一种题材、一种风格乃至一种文体的小说，只要受到读者欢迎，马上就会引出一大批仿作，把原有的一点新鲜感和独创性都淹没了”[①]。媚俗也是鸳鸯蝴蝶派小说最终败落的重要原因之一。

二、狭邪小说的兴起：文学的畸形休闲

狭邪小说也是文学走向休闲的一种产物。这种小说发端于描写北京城上层社会的狎优生活以及梨园艺人生活的《品花宝鉴》，后又有1858年的《花月痕》以及1878年的《青楼梦》问世。《花月痕》：“其书虽不全写狭邪，顾与伎人特有关涉，隐现全书中，配以名士，亦如佳人才子小说定式。……行文亦惟以意缠绵为主，但时复有悲凉哀怨之笔，交错其间，欲于欢笑之时，并见黯然之色。”《青楼梦》：“游花国，护美人，采芹香，掇巍科，任政事，报亲恩，全友谊，敦琴瑟，抚子女，睦亲邻，谢繁华，求道德。”（第一回）鲁迅评其书：“全书都讲妓女，但

① 陈平原.二十世纪中国小说史（第一卷，1897—1916年）[M].北京：北京大学出版社，1989：88.

情形并非写实的，而是作者的理想。”① 同鸳鸯蝴蝶派小说一样，狭邪小说也是为了满足读者或者文人的臆想而产生的。

近代上海作为最早开埠的口岸城市之一，为中国最具现代化色彩的国际大都市，一种新的城市价值观逐渐形成，也导致了娼妓业的畸形繁荣。1892年，韩邦庆在其主笔的通俗刊物《海上奇书》上连载了《花国春秋》(后改名为《海上花列传》)，署名“花也怜侬”。1894年刊印石印本，书名即《海上花列传》。在这之后，以上海狭邪故事为题材的长篇小说大量涌现，用“海上”命名的就有《海上尘天影》《海上繁华梦》《续海上繁华梦》等，另外有《海天鸿雪记》《上海之维新党》等通俗作品近二十余种。近代小说家对上海狭邪题材趋之若鹜，创作出一大批影响广泛的“都市狭邪小说”系列畅销书，成为近代都市文化生活的一大景观，也成为上海都市市民文化的典型体现。这些畅销作品都是写新兴的上海妓院风光。内容上着重描写花天酒地的都市消费生活，含有典型的繁华与糜烂的都市文化特色，展示了上海的都市空间风貌和市民形象以及复杂的都市文化特色：

上海一埠，自从通商以来，世界繁华，日新月盛。北自杨树浦，南至十六铺，沿着黄浦江，岸上的煤气灯、电灯，夜间望去，竟是一条火龙一般。福州路一带，曲院勾栏，鳞次栉比。一到夜来，酒肉薰天，笙歌匝地。凡是到了这个地方，觉得世界上最要紧的事情，无有过于征逐者。正是说不尽的标新

① 鲁迅．中国小说的历史的变迁 [M]. 西安：西安大学出版社，1925.

炫异，醉纸迷金。那红粉青衫，倾心游目，更觉相喻无言，解人艰索。[①]

三、黑幕小说

黑幕小说作为一种俗文学，风行于民国初年。1916 年 10 月 10 日，上海《时事新报》开辟“上海黑幕”专栏，各地竞相效仿，黑幕小说遂开始流行，热闹三年有余。钱玄同在《答宋云彬书》中分析得非常有道理，他认为：“此种书籍盛行之原因，其初由于洪宪皇帝不许腐败官僚以外之人谈政，以致一班‘学干禄’的读书人无门可进，乃做几篇旧式的小说，卖几个钱，聊以消遣；后来做做，成了习惯，越做越多。别人见其有利可图，于是或剪《小时报》《探海灯》之类，或抄旧书，或随意胡诌，专拣那秽媟的事情来描写，以博志行薄弱之青年之一盼。……所以一切腐臭淫猥的旧诗旧赋旧小说复见盛行；……黑幕之书亦是一种复古。”[②] 周作人也说，中国人到了现在，还不明白什么是小说，只晓得天下有一种闲书，“看的人可以拿它消闲，做的人可以发挥自己意见，讲大话，报私怨，叹今不如古，胡说一番。思想本来简单，只晓得饮食、男女、富贵、鬼神这几件事，头脑又不清晰，夸张而且散乱。所以做成的书，若不是长张大页的说大话，自命不凡的说什么才子佳人，造成万言肉麻书，便枝枝节节记些不相干的小事，说是讲‘国

① 李伯元．海天鸿雪记 [N]. 游戏报，1899-07-22.

② 钱玄同．黑幕书 [J]. 新青年（6卷），1919(1)．

朝’或先朝的掌故。这两种人原只是一而二，二而一，合起来，便成了一部艳情掌故的黑幕闲书”[①]。

鸳鸯蝴蝶派小说和黑幕小说一样，都是文学商业化、社会潮流化的结果，狭邪小说被“喻为中国传统休闲文化熟透后结出的歪果”[②]，鸳鸯蝴蝶派小说和黑幕小说又何尝不是这种熟透的歪果呢？

四、查禁小说

小说杂志是大众文化最为广泛传播的读物，这方面的问题也引起人们的重视。1915年1月，教育部发出禁止出版伤风败俗小说杂志的通告：

1915年6月，教育部咨内务部文中指出：“近坊间流行小说多种，或称新制，或号旧本，并专为诡诞，竞尚轻薄，记叙既甚鄙猥，主旨尤极乖剌，唯薄挑招奸盗怪乱之事。”教育部开列此类小说32种，请内务部严行查禁。[③]

但是，教育部的通令作用不大。1915年6月，上海也有人呈文内务部请严禁淫书，挽救颓风。请愿书云：“十年教育之功效，曾不敌一册亵画之破坏。道德日衰，廉耻沦丧，流毒之深，甚于水火，风靡全国，嗜如甘饴。窃恐中国不亡于外侮内乱而灭于淫书亵画。民国前途危险殊甚，社会沉湎足为寒心。”

---

① 仲密（周作人）. 论“黑幕”[J]. 北京：新青年（6卷），1919(2).

② 侯运华. 晚清狭邪小说新论[M]. 郑州：河南大学出版社，2005：90.

③ 教育部咨禁荒唐小说[N]. 上海：申报，1915-06-25.

为此，要求内务部“饬下有司严重取缔，其奉行不职，付以惩戒，正本清源，除恶去害，毋使滋蔓”[①]。

为了控制出版小说的不良风气，教育部通俗教育研究会颁定了审核小说标准，把小说分为教育、政事、哲学及宗教、历史地理、科学、社会情况、寓言及谐语、杂记等八类，每类小说制定上、中、下三等标准。该会指出：“上等小说宜设法提倡，中等者听任，下等者宜设法限制或禁止。”[②]

因市面隐晦书刊泛滥，教育部、内务部、京师警察厅（直属于内务部，管辖京城）等查禁淫秽书籍。1915年5月，教育部通俗教育会列出有伤风化小说的目录，京师警察厅通令查禁。通俗教育会呈教育部函中指出：

都中向有一种小贩，怀挟小筐包件，盛贮各种小说，于街头巷尾茶坊酒肆之间任意兜售。所售之书，大都猥鄙龌龊，莫可究诘；甚或夹带淫画秘卖。此等人往来街市，踪迹无定，较之列摊设肆者流布尤广。津、沪等租界，亦有此项售书之人。外人对此限制颇严。都中首善之区，本会既以劝导社会改良为职志，不敢不注意于此。拟恳咨行内务部转饬警厅，遇有此类售书之人，随时稽查；遇有违害之书，立即禁止等情。查京内此种小贩怀挟猥秽书画，任意兜售，实于社会教育大有妨碍。……查小说肇自稗官，图画事关美术，流传甚广，观感攸资，将欲薪民俗之改良，首应以矫正淫诬为必要。值此世衰道

① 白亮请禁淫书 [N]. 上海：申报，1915-07-02.
② 北京通俗教育会审核小说之标准 [N]. 上海：申报，1915-11-13.

微之日，尤宜严防微杜渐之谋。倘任此项猥亵书画流布坊间，社会之风尚日漓，即人民之道德日堕，充其渐染所及，必至闲检荡然。本部职掌邦礼，窃用隐忧，自应转行查禁，藉挽颓俗。准咨前因，除已令知京师警察厅外，相应咨行贵查照，即希饬属严查禁止贩售，务期根株尽绝，用端风纪。[①]

1916年11月，内务部又称，“近查坊间发行《绣榻野史》及《浪史奇观》小说二种，均系蓄意淫秽，大伤风化之作”，因而通令“自应从严禁绝，以绝根株”[②]。同年11月，通俗教育研究会提出褒奖小说书目8种，得到教育部批准，年底制定了“审核小说杂志条例、标准与奖励章程”。

1920年8月14日，教育部为转饬查禁淫杀怪异画片致内务部咨文又说道：

窃本会近查都中各处市场及庙会之期，常有一种营业，将各种画片装置匣中供人阅览，俗名西湖景，又名西洋景，亦称大片。其中每夹带春画。近因官厅禁止，稍知敛迹，而未能尽绝。尤有一种专绘刑杀罪犯之事，于旧时各种凌迟枭首之刑摹绘尽致，令人不忍逼视，其标题为某某罪犯，虽似寓有警戒之意，然使人但见种种刑杀惨状，不唯不足示警，且将养成凶残心性，似较之淫秽画片，其害更甚。又有一种有类傀儡戏者，则专演神怪之事，或棺中出人，或妖鬼变幻，奇形怪状；不可究诘。窃维此种画片，一般社会尤喜观览，若使此等淫杀怪异

① 中华民国法令大全三编（第五类内务）[M]. 北京：商务印书馆，1924.
② 内务部通令 . 政府公报（第315号命令），1916-11-19.

之状，日接于目，其影响于国民心理道德殊非浅鲜。……拟恳钧部咨行内务部转饬警厅通令各区于各处市场及庙会之期，随时查察，遇有此类画片，立即禁止搬演，似于改良风俗之道，不无裨益。是否有当，伏候鉴核施行。等情前来。查此项画片，流布甚广，若该会所述各种，其贻害社会诚非浅鲜，自当亟于查禁。[1]

1922年7月，通俗教育研究会为设立书业团体自行禁毁淫词小说制定文件中再次提道：

窃查近日上海报载书业公所警告同业广告一则，略谓本所同人创立书业正心团，专行调查销毁一切足以危害人心风俗之淫词小说，先从最著名、最淫亵之书为第一步著手，业已消(销)毁淫书底版三十六副，淫书四万六千三百九十六本，此后更当积极进行等语。公所此举，由商业团自行取缔，殉(洵)属法良意美。京师为首善之区，风化所关，自应加意整饬，以为各省倡导。取缔淫书一事，官厅虽已随时申禁，究不若由商人设立条规，自行检制，尤得正本清源之计。

从这些措施的实施中可见当局和一些人士对整顿风化问题的关注，也可以看出文学在近代已经从高文大册走向市民休闲。

① 教育部为转饬禁淫杀怪异画片致内务部咨文 [Z]. 教育公报(第十期), 1920-08-14.

第四章　节庆与休闲

从近代人们休闲娱乐活动的节奏来看，休闲娱乐活动已更多地带有社会交际与商务活动的社会功能。但是休闲娱乐的目的并未改变，因而在节庆休闲上，传统并未改变很多。

第一节　传统节日与休闲

一、新纪年如同虚设

辛亥革命后，各独立省有的用黄帝纪元，有的用干支纪年。孙中山建议援引阳历，实行新历，以中华民国纪元。南京临时政府当年阳历元月 15 日补祝阳历元旦，有庆祝建立共和的用意。17 日是旧历新年时，社会各界自动热烈庆祝新年。"阴历元旦……民间悬灯休业，未能尽免旧俗。"① 过年时，"新历之新年，系政治之新年，旧历之新年，乃社会的新年"②。"民

① 清谈 [N]. 上海：申报，1912-02-21.

② 黄远庸 . 远生遗著（卷四）· 旧历新年发笔 [M]. 北京：商务印书馆，1984：117.

国改用新历，除阳历元旦及双十节城中公团、学校庆祝、拜贺外，其余城乡节令一仍旧时，故岁时仍用阴历。”①

民国改阳历后，虽规定不再过旧历年节，但是阴历沿用了数千年，突然实行阳历难度很大，特别是民间积习难改，于是南京临时政府认可阴阳历并行，实际上，人们在节假休闲，习惯上还是以阴历为重。

不仅农村，城市对旧节庆也依然十分重视。如端午节是传统的重要节日，在民国时期，每到端午，学校机关等都放假一天。“北京各机关循例放假，职员之中值班者尚须到衙门，余则概行庆赏佳节，多挈眷携童逛北海去。京中报纸亦概行停刊，各通讯社亦停止送稿。……北京向例于节令休假之日，中央公园若游戏场所，游人如织，是日虽不减色，但长热闹者莫过于北海”，北海“游者几至数万人”②。上海各学校也照例休假一天，一些社会团体还举行娱乐活动。如青年会“于端阳会员闲暇之时举行运动游戏交谊大会，于该会操场以作永日之娱乐”，主要娱乐活动有田径运动会、球类比赛、戏剧及各种新式游戏。③

旧俗与新制的冲突随处可见：

各报停版：京中各报于阳历既已停版，旧历即不能再行停版。惟习惯一时不能消除。印刷工人要求停工，送报人亦不能

① 丁世良，赵放．中国地方志民俗资料汇编（中南卷上）[M]. 北京：书目文献出版社，1991：125.

② 端阳节之北海 [N]. 上海：申报，1918-06-17.

③ 青年会之端阳节大庆赏 [N]. 上海：申报，1918-06-09.

分送，以故各报迫于不得已仍行休刊数日。

两坛开放：北京总议事会因习惯上一时不易消除……呈请内务部将先农坛、天坛自旧历初一日起开放10日，任人入览。

学堂皆不放假：教育部以现均改用阳历，各学堂曾于阳历放假，旧历即不可再行放假，前已通饬各学矣。并闻京师学务局于今日尚派员察巡。惟各学生狃于积习，虽不放假，而告假实繁有徒。

在休闲习惯上，也多随旧习俗。民国时期，旧历年节仍然是最重要的民间节日。如庙会仍旧，各处庙会亦均不停止。虽然政府禁止燃放鞭炮："昨日内外城各区派巡警传知各铺于旧历正月初一至初五日照旧省里，不准上门，并不准燃放鞭炮，如违从重罚。"①

但民间依然，直到多年后依然不改，当时报刊有评论："我国采用阳历，迄已有8年余的岁月了。但是一般人民于阳历新年异常冷淡，对于阴历新年，则特别高兴。就北京一城而论，在阳历新年的时候，除各公共机关门口结几块彩牌，与停止办公几天以外，社会上绝无什么表示为新年点缀的。而在阴历新年时候，无论何界都一律休息，而群趋于行乐一途，燃放爆竹彻宵不绝，比之阳历新年实在热闹百倍。"②可见民间的旧历年节情结，新纪年如同虚设。

① 北京旧新年记[N]. 上海：申报，1913-02-21.
② 时评·旧历新年之感想[N]. 北京：晨报，1920-02-26.

二、旧节俗依然如故

千百年来积淀而成的民众心理和风俗习惯是无法轻易改变的，民间过旧历节之习俗及热闹场景没有因政府的禁令而消失，每逢农历节气就要举行的祭神仪式，即便是太平天国大量毁坏庙神运动声势浩大之际，民间依然隐蔽、半隐蔽，甚至公开地进行，“迎神赛会固旧社会迷信之一种，然岁晚务闲农民，醵金酬答田租，要不失为知本反始之至意”①。这种活动有个人的、家庭小规模的，还有一些群众性大规模的佛会，按照习俗，在收获时敬神演剧，天旱时请佛祈雨。甚至有些太平军官兵也参加了这些活动。这说明了民间传统习俗的深入人心。比如菩萨诞辰日，大批的善男信女都来求神拜佛，企求保佑，各寺庙庵堂黄包车与“香车宝马”络绎不绝。上海南京东路上的虹庙，每届观音诞辰，四马路上的青楼女子脂粉浓抹，花枝招展，坐着黄包车而来，供上整个烧猪，香火缭绕，热闹非凡。江浙一带流行迎神赛会，这是融宗教和娱乐于一身的民间祭神习俗，是有宗教信仰的集体娱乐习俗。

旱情出现的时候，各地会举行一些活动祭神祈雨，一些活动已经和一些娱乐活动结合了起来，慢慢地，娱乐成分占了上风。如传统的盂兰盆会，有一首《时令新乐府》反映了当时盂兰盆会的习俗。

① 塘湾镇之神会风潮 [N]. 上海：申报，1917-12-15.

盂兰盆会：

盂兰盆自目连设，举行当在中元节，而今不必有定时，自七月朔至晦日，锣鼓沸天闻，纸镪到处焚。纸糊大鬼有十余，人手持之满道奔……

上海的盂兰盆会带有一些新装饰和明显的商业气息。1917年，上海的盂兰盆会以电灯装饰各种鬼怪，在熙熙攘攘的劝业场中招揽游客，活跃商业买卖气氛。

而放水灯时，则更为热闹。

放水灯：

放水灯，放水灯，水灯灿烂如明星。吾吴风俗多迷信，中元前后鬼成阵，兰盆会与放水灯，水陆一般鬼神赈。酒肉僧众坐楼船，钟磬铙钹琴沸天。船头竞把水灯放，烛影摇红灯如莲。数灯停岸边，数灯中流旋，有时三灯四灯散漫如蝴蝶，有时连成一串如珠穿。水底游鱼出水听，两岸儿童拍掌喧……

地藏节也充满了节日气息。

地藏诞：

七月地藏诞，香市生意忙。只为欲博地藏欢，家家点烛与焚香。相传地藏掌幽冥，一年日夕闭双睛。唯有诞日一启视，察人善恶赏罚行。倘见家家多信佛，自然赐福到苍生。人丁昌盛人寿延，五谷满家库帛盈……

直到民国，虽然使用了新历，但旧节俗依然如故。年俗的传统内容依然是很丰富的。1920年，《民国日报》较详细地介绍了华北地区农村的年俗：民国改历已经八九年了，而乡村简直就没听见过有阳历新年这个词。旧历新年是村民最闲暇而快乐的时期。从十二月初以后，村民就开始准备食品，如磨面粉、预制豆腐、做绿豆饼等，并购买肉食、酒类等年货。除此之外“还要购买装饰品和神秘的耗品”①，放烟花爆竹依然是过年的重要节目。

图 4-1　民国节日人们放烟花爆竹

端午节习俗在农村更为隆重，尤其是在江南、岭南地区。农村端午节的活动各地大同小异。据民国年间的地方志，大多类似如下记载：端午节，各家各户“采艾悬门户，以蒜汁洒地，饮菖蒲酒，涂朱砂、雄黄于小儿额，以辟邪毒。以桧竹叶裹糯米为粽，即角黍也。造龙舟竞渡，驰棹鼓枞，响振水陆，观者如云”②。水陆地理不同，端午节活动的内容大同小异，其

① 刘志琴主编．近代中国社会文化变迁录（第三卷）[M]. 杭州：浙江人民出版社，1998：150.

② 丁世良，赵放．中国地方志民俗资料汇编（中南卷上）[M]. 北京：北京图书馆出版社，1991：552.

意义主要有两个方面：一是纪念屈原，由此而演变成龙舟竞渡的娱乐活动和吃粽子的饮食习惯；二是避邪防疫，南方春季多雨潮湿，而夏季高湿，春夏之交，疾病易发。于是，人们既以雄黄、蒲艾、大蒜等消毒灭菌，又祈求钟馗、符篆的保护以驱邪。医疗卫生条件低劣的情况下，人们的自我保护措施历经演变，成为具有现代气息的城市休闲方式。

终于，《民国日报》于1931年2月18日，即旧历之正月初二，刊发社论《昨天》，在历数了上海街头“锣鼓声、爆竹声，又到处显露着度岁的色彩了”，“一些私立学校依然放假数天”，“内地的学校更视国府明文为废纸”等事实后，明确指出，“废历系社会实际生活所形成，……想用命令和宣传力量去革除废历，实系违背事实之奢望，决无立即实现之理”。这种“用命令的力量”革除旧历，“实系最大的错误”。

1933年起，民间庆贺年节又复萌。到后来，除报纸不附印旧历和春节期间不停刊外，一切如故。

第二节　政治节日与休闲

一、圣诞祭孔

辛亥革命虽然冲垮了皇权，冲击了封建文化专制主义，但几千年的尊孔观念已经深入人心，特别是袁世凯篡权后，尊孔言论和活动出现了一个新高，各种形式的尊孔活动纷纷展开，庆祝“圣诞”(即孔子诞辰)。有的地方“各界亦休息两天，悬旗、燃爆纸花、纸灯悬挂门外，以伸庆祝……列队往圣庙行谒圣礼，喇叭铜鼓之声不绝于耳”，“军队亦谒圣及演说，商店一律闭门休业，陈列各种花木，供人玩赏，各街闸则搭盖棚厂，供奉圣像，雇请梨园吹唱，弦管之声通宵达旦”(梧州)。[①]“扬州尊孔崇道会发起人……于孔子诞辰日仍旧沿用乐舞牛羊，于阴历八月二十七日公推89岁之耆绅周炳南领衔主祭……”[②]

1913年9月17日，教育部通电各省都督，定阴历八月二十七日为孔子诞辰：“应定时日为圣节，令各学校放假一日，并在该校行礼，以维世道，以正人心，以固邦基，而立民极。”[③]国内外各地庆祝孔圣诞辰活动规模宏大，“圣诞庆祝活动基本由各地尊孔团体主持，政府尚未公开出面，但各地政府对此大力支持，从袁世凯到各省都督，均不例外。这实际上是半官方的祭孔活动。再者，袁世凯政府虽推动各地祭孔，但尚未制定出明确的礼仪，各地祭孔的礼仪相当混乱，恢复三跪九叩者有之，采用民国新礼制三鞠躬者有之，总的来说，各地尊孔礼仪越来越趋向恢复帝制时代的旧制”[④]。

文化复旧活动是为了配合政治复辟的需要，但是却未能真

---

① 游戏文章・女界尊孔会传单[N]. 上海：申报，1912-09-20.

② 地方通信・扬州[N]. 上海：申报，1912-12-27.

③ 中国第二历史档案馆编 . 中华民国史档案资料汇编(第3辑)[M]. 南京：江苏古籍出版社，1991：2-3.

④ 刘志琴主编 . 近代中国社会文化变迁录(第三卷)[M]. 杭州：浙江人民出版社，1998：143.

正重建传统的纲常道德体系。特别是旧有文化根基之上的西方文化，结出了始料不及的恶之花。

二、隆重的国庆节

国庆节来自西方，并非中国传统节日。1912年9月，参议院通过国庆日及纪念日案，定10月10日为中华民国国庆日。吴稚晖撰文提出国家节日“当视为一年中最应欢乐最应热盼之一日”[①]，各地纷纷举行活动庆祝第一个国庆节，北京举行盛大的阅兵式，上海各界张灯结彩，举行集会、提灯会隆重庆祝，广州都督胡汉民举行阅兵典礼，演艺界也纷纷扮演纪念话剧游行[②]。国庆节是一个政治性节日，而不是一个传统节日，由政府机关和商界组织操办，农村居民与此不相干，城市居民中也只有部分政、军、商、学界人乐于参加。这种政治意义和思想内涵决定了这种休闲虽然也有热烈的庆祝活动，但无法同春节、中秋节那样普天同庆。显然，把民间风俗习惯赋予过多的政治意义是不妥当的。

随着城市的发展，出现了许多工商业和其他附属部门，产生了许多谋生的机会，广大农村的贫困所形成的生存压力随着人口向城市的转移而逐渐减弱，也形成了特殊的社会文化环境，遂滋生出了与传统大为不同的新兴商业城市的市民生活方式和市民文化，包括休闲文化。

---

①② 刘志琴主编．近代中国社会文化变迁录（第三卷）[M]. 杭州：浙江人民出版社，1998：71.

西方城市管理方式引入租界和大城市，难免与中国的传统习惯产生冲突，这与中国是个传统的农业社会有关。农历的岁时节气是从几千年中国的农业文明中提炼出来的，已经融入了广大农民耕耘劳作的日常经济生活之中，旧城镇的居民也依然保持和农村相近的生活习惯，如日出而作，日落而息，日常生活起居比较随便。

第三节　外来节日与休闲

西方近代文化在中国的传播是从传教士东来进行传教活动而开始的，由于基督教与中国传统文化截然不同，难以被中国人接受，早期的传教士利用经典和介绍西方科学知识为手段进行传教。由于教义的不同，康熙年间开始禁止洋人在中国传教，以后的雍乾嘉道年间一直实行禁教。鸦片战争后，中法《黄埔条约》规定法国人可以在通商五口岸建立教堂，洋人传教正式解禁。

风气随着传教的深入而开始转变，礼拜日渐渐成为休息日。洋人来中国之后需要休闲，需要享乐，需要像在自己国家那样享受生活。于是，洋酒店、洋饭店及各种洋人的休闲方式应运而生，令尚未开化的中国人大开眼界。从那时起，传统的休闲生活和西方的时髦休闲方式一并展现在20世纪初中国的社会生活中。1914年元旦，广州“军队休假七日，文员休假三日，庆祝新年。民间多主遵行旧历，故无庆祝者。欧美大学中国毕业生之寓此者于除夕夜开亲睦会，聚宴跳舞，且有妇女与会”①。

当时，在华的外国人按照本国习惯，在星期天休息、娱乐，这就引起了国人的好奇，并渐渐产生了认同心理。上海的《申报》还就此发表评论，称“西洋诸国礼拜休息之日，亦人生之不可少而世事之所宜行者也”。福州船政学堂首先规定星期天放假，清政府的中央各部从1906年起，开始相继实行星期日公休制度，最先的几个部是学部、农工商部和外务部等，因为这几个部是在西风东渐的大背景下新开设的，而且与西洋各国有频繁的商务和外交上的往来，自然也就得风气之先。到1911年夏秋之交，被称作晚清衙门里最传统也最守旧的吏部与礼部也终于顺应潮流，“星期日亦仿照其他各部之例，停止办公”。

至此，清政府所有中央机构已经一律接受并实行了星期日公休制度。上行下效，“星期日”这一概念很快就在民间和社会上流行开来。中国人就此有了属于自己的星期天，或称“礼拜日”。甚至小说界也为了配合礼拜六、礼拜日的休闲而出现了以“礼拜六”命名的休闲杂志。

近代商业城市，特别是西人入居的一些城市，形成了特殊的市民社会，也出现了新的生活习惯和西式的城市管理方式，礼拜日的出现是必然的，但同时也必然会出现反映民族矛盾和文化冲突的事件，如上海租界当局对中国居民燃放花炮、敲锣

① 特约路透电[N].上海：申报，1914-01-03.

打鼓以及呼喊号子等行为便屡屡禁止。不过有时候，西人也会采取市民喜闻乐见的方式进行西式管理方式的宣传，如1863年上海租界水龙公司经常进行演习，有乐队伴奏，绕街而行，颇为热闹，成为居民们乐于观看的一项公共活动。

第五章　时尚与休闲

社会风尚的任何变化都有赖于物质水平的提高。“服饰的更新，新饮食方式的出现，建筑风格的改变，新式交通工具的引进，都是以物质技术水平的提高为前提的。而它们一旦出现并日益扩大后，必然给民众心理造成一定的影响，使民众从新奇到欣赏，再到接受。这种心理影响逐渐演变成观念变化，并在他们的行为方式中明显地表现出来。”[①] 衣食住行是社会风尚的物质载体。半殖民地半封建社会的开始是与商业的繁荣同步的，社会的变动使人生无常、及时行乐的风气弥漫着，整个社会追求享乐成风，晚清以来的奢侈消费风气逐渐盛行，特别是沿海商埠，形成一种与传统截然不同的消费时尚。从鸦片战争到 1949 年中华人民共和国成立，一百多年来的社会风俗人情、社会面貌都在不断变化之中，社会的诸种变化亦体现在人们的衣食住行中。

纸醉金迷的城市生活导致多次黜华崇俭通令的发布，如袁世凯政府时因为“近来乃习尚奢华，贪多斗靡，豪宗富室，通都雄埠，提倡奢费，有如不及。尚朴素者，多为人嗤”，“劝告

① 孙燕京．晚清社会风尚及其变化 [J]. 中州学刊，2004(6)：135-139.

国民，继自今衣食、日用、冠婚、丧祭诸费，必不可少者，极力从俭；其可少者，一概省之，务期多惜一分物力，即多延一分生命。官绅商富，国民之望，尤宜倡导朴素，化及全国”[①]。袁世凯的通令大致反映出了当时的一种社会风气，政府的通令在某些方面虽可产生一定的作用，但没有从根本改变这种已经广为流行的习俗。

第一节　服饰与休闲

随着商品经济的发展，个性解放越发明显，人们的生活欲望也被激起。在剧烈的社会变迁中，服装的变化也得风气之先，敏感地表现出了文化气候的走向。人们在穿着打扮上追新求异，西装革履，长袍马褂，袒胸露背，长靠短打，新旧土洋，千奇百怪，真正开始了服装自由穿着的时代。

其实着装一向是各朝各代所关注的。太平天国时，洪秀全就曾关于太平军的服饰发布诏令：“高天享福极威风，最小最卑尽绸缎。男着龙袍女插花，各做忠臣劳马汗。”太平军的服饰在当时由于不同的政治观念而有不同的观感，有的反感，有的感到新奇和羡慕，有的地方甚至出现以太平军装饰为时尚的现象，比如在常熟，“开市颇盛，牌署天朝，掌柜者俱土人，

① 崇俭令 . 政府公报（命令第 12 号）[Z].1912(5) .

亦辫红履步，栩栩自得”[①]。

穿衣着装是人们生活欲望的一种体现，是社会文化走向的晴雨表，时刻敏感地透露出时人的观念变化。特别是对西方服饰的追求，更是一种外来文化影响的结果。

在19世纪七八十年代，国人以模仿西人穿着打扮为时髦，怀表、眼镜、墨镜、洋伞、洋烟、香水等成为流行装饰的元素。上海的妇女更是以香水、墨镜、洋烟为时髦用品：“倾瓶香水浑身洒，风送芳香扑鼻过”。1872年，有人记述在街头看到时髦的上海人“撑洋伞于路上，挂时表于身旁”[②]。光绪中叶，这种装饰越发流行：“妇女有以小表佩于衣衽间以为饰者，或金或银，而皆小如制钱，故呼曰金钱表。”[③]“自光绪中叶以后，妇女之好修饰者，亦皆戴之（眼镜）以为美观矣。”[④]女学生、年轻主妇和名媛名太这些无生活压力的人成为时尚元素的中介者与推广者，时尚就这样流行开来了。如《沪谚》里说，上海不少人打扮和做派十分洋化，“大少爷蹩脚，多推东洋车。滑头多假金时计，假金丝眼镜。富商多戤洋商牌子”[⑤]。还有人记述驾着马车游览街市的时髦上海人的一身流行打扮：“云髻新编脑后拖，时新衣服剪纱罗。倾瓶香水浑身洒，风送芳香扑鼻过。一段洋烟插口斜，墨晶眼镜避尘沙。同游欲博如花笑，亲

① 清·龚缙熙撰．太平天国史料丛编简辑·龚又村自怡日记[M].清镜堀轩抄本：391.

② 上海洋场序·仿滕王阁序[N].上海：申报，1872-09-13.

③④ 徐珂．清稗类钞（第十三册）[M].北京：中华书局，2010：6228.

⑤ 胡德．沪谚（卷下）[M].民国三年本．

手拉缰坐马车。”[①]

商人买办也对着装打扮十分在意。清末的上海竹枝词即写道：“衣衫华美习为常，抱布贸丝作大商。几句西人言语识，肩舆日日到洋行。”

求新、求异、追求个性消费成为一部分城市居民的生活目标，媒体也推波助澜，创办于1901年的*The Shanghai Times*，有*Divertive Topics for Woman Home*和*Modes of the Moment*等服饰专栏，附有详尽的款式图和文字。彼时，西洋人最为时新的服装样式和着装方式，乃至配饰化妆，都最先在这些杂志上面世。在20世纪前期，涉及服装流行的著名刊物有《良友》《申报图画周刊》《上海画报》《时报》等。这些图文并茂、专供消遣阅读的生活杂志为人们提供了最新的国际国内的流行款式和时尚，起到了促进传播的桥梁作用。

图5-1　民国服饰

① 黄式权.淞南梦影录(卷三)[M].光绪九年：131—132.

1912年以后，此风更甚。1月6日《申报》报道，剪辫后兴起的“博士帽、草帽、卫生帽及毛绳便帽，大多来自外埠”[①]，“青年妇女则纯用长衫短裤，不逮膝、露腿赤胫，争趋时髦”[②]。有人曾这样讽刺上海的时髦派：“女界上所不可少的东西：尖头高底上等皮鞋一双、紫貂手筒一个、金刚钻或宝石金扣针二三只、百绒绳或皮围巾一条、金丝边新式眼镜一副、弯形牙梳一只、丝巾一方。再说男子不可少的东西：西装、大衣、西帽、革履、手杖，外加花球一个、夹鼻眼镜一副、洋泾话几句、出外皮篷或轿车或黄包车一辆，还要到处演说。”[③]盲目西化，崇洋媚外之风盛行一时。1912年4月，《申报》刊出了这样一幅漫画：某人要戴夹鼻眼镜，苦于鼻子太低，于是装了一个猪鼻子；某女为“细腰”，两男子则用绳为其勒腰，如拔河一般……漫画虽然有夸张的色彩，但也或多或少地反映了人们日益西化的消费观和审美观。

辛亥革命以后，鉴于服饰崇洋风气盛行一时，一些人提出使用国货。孙中山认为，服装应“适于卫生，便于动作，宜于经济，壮于观瞻”[④]，并以此作为改良服饰的指导思想，使得人人须臾不可离的服装，彻底摆脱封建伦理的规范，向着实用、经

---

① 张静如，刘志强主编 . 北洋军阀统治时期中国社会之变迁 [M]. 北京：中国人民大学出版社，1992：297.

② 王瑞成，宋清秀 . 中国文化简史 [M]. 上海：上海文艺出版社，2001：171.

③ 王瑞成，宋清秀 . 中国文化简史 [M]. 上海：上海文艺出版社，2001：170.

④ 中国社会科学院近代史研究所中华民国史研究室，中山大学历史系孙中山研究室，广东省社会科学院历史研究室 . 孙中山全集・第二卷・复中华国货维持会函 [M]. 北京：中华书局，1982：61-62.

济、卫生、美观的方向发展。但当民国制服公布后，上海国货维持会的人却认为："政府公布之礼服形式上似尚欠缺。"[①]可见服饰美观的关注程度。再以旗袍为例，为了展示曲线美，人们在衣的长短、领的高低有无、开叉的高低、袖的长短和宽窄、衣襟的开法等上下功夫，力图做到与众不同，与前不同。都市中的摩登女郎更是刻意标新立异，在式样上下功夫，使旗袍在1912年以后，花样翻新、层出不穷，最终在20世纪二三十年代成为一种成熟服饰。爱美之心，人皆有之，女学生对于着装的追求甚至曾引起教育当局的整饬，广东、南京都有过整饬女生奇装异服的行动，甚至引发过抗穿制服的退学风潮。五四以后，变革旧服饰的意见不一，但这些言论基本的一致倾向是：改革男女服饰的虚华旧俗，主张服饰朝朴素、自然的方向转化。这是对清末民初以来上海等地奢侈虚华习气的否定，也是对中国传统不良服饰的改革，也与五四时期崇尚个性解放、反对一切束缚相联系。

现代服饰时尚化不是官方所能禁止的，实际体现了服饰朝自然、简洁、美观、舒适的休闲观念发展的趋向，所引发的冲突归根到底是新旧思想的冲突。

---

① 维持国货之大会议 [N]. 上海：申报，1912-12-28.

第二节 建筑与休闲

通商口岸的发展，给这些城市市民的生活方式带来了新的变化。天津作为名列前茅的通商口岸，租界内建成成排的西式洋楼，建成维多利亚等交通干道，形成了颇具欧洲风格、华洋杂居的新兴区域。一个法国传教士曾写道："英国租界变魔术似的迅速繁荣，真是个奇迹。他们不是在造西式洋楼，而是在造各式各样的华丽的宫殿。"①

近代建筑以舒适美观为尚，上海是中国首批开放的城市，也是欧风美雨浸润最深的地区。上海自开埠以来，西方服饰、饮食、器物等纷纷涌入，出现了许多西式风格的建筑，但在观念上仍以传统的建筑为主流风格。

沪上花园向以邑庙东、西园为最，继之者静安寺之中园、西园，今则独盛于徐、愚、张三园矣。东园即庙内园，回廊曲折，山石峻嶒，结构亦称奇幻。每逢佳节，或兰荷桂菊之会，任人游览。平时颇有"门虽设而常关"之意。西园本前明潘允庵方伯之豫园，地大五十亩，极亭台池沼之胜。嗣潘氏微，旋归庙为西园矣。池心建亭，左右翼以石桥，名曰九曲桥，又有香雪堂、三椒堂、萃雅堂、点春堂诸名胜。园西北隅亦有巨石叠作峰峦磴道，盘旋而上。沪地无山，重九妇女登高者多集于

① 卢汉超．上海史研究・西方物质文明在近代上海（二编）[M]．上海：学林出版社，1988：26.

此。惜园内竞设茗室及各色店铺，竟成市会，而凡山人墨客、江湖杂技亦皆驻足其中，游此间者但知街市喧阗，迥非昔日布置矣。申园在静安寺西隅，中构洋楼，四围花木，右偏并筑台榭、凿方池，后设弹子房，任客嬉游。闻当时此园未启，客之乘马车挟美妓到此者，不过于树林荫翳中略停片刻。而有此园可资憩息，红男绿女结队成群，品茗看花，流连忘返。未几，西园辟而申园又不能专美于前矣。西园又在申园之西，花木台榭亦无越申园，惟地稍大，可以乘车周匝，故歌妓尤乐就之。今则愚园一开，而两园皆寂寞尘飞，过此者不无昔盛今衰之感。盖愚园辟于两园之间，金碧丹青，太形华丽，似不及左右两园之疏。然棉画栋珠帘，朝飞暮卷，其楼阁之宏敞，陈设之精良，海上诸园亦无以过之。冶游既倦，蹑云而登，倚雕栏，啜苦茗。清风飕至，俗虑俱消。时或隔座花枝向人招展，钗声钿影仿佛帘中，每为诵元相“醉闻花气睡闻莺”之句，低徊不能去。张园在斜桥之西，为游愚园者必游之路，故游愚园者率先游张园。园本西人所筑，嗣为无锡张君叔和购为养母之区，不收游资，故裙屐争往来焉。园中一望平芜，尤称旷适。有荷池广数百亩，隔池有红梅数百本，两花盛开，游人到此，仿佛置身于西湖孤山、三潭印月之间，亦热闹中一清凉境也。所植外国花卉甚多，冬则藏诸玻璃室中。园外柴扉题曰“烟波小筑”，又曰味莼园，隶书古雅，不知谁氏笔也。

盖张园也、愚园也、申园也、豫园也、西园也，或奇丽，或淡雅，或疏落，或阔大，江湖之意，山林之气，京洛之态，吴蜀之华，诸园无不悉备。而园中之物亦无一不可人。而萧然绝俗者，其惟徐园之又一村乎！

徐园，海宁徐棣山司马之园也。园不甚大，其中为堂、为榭、为阁、为斋，又列长廊一带，穿云度水，曲折回环，其布置已为海上诸园之最。虽然杉桐桧柏，奇花美草，华堂彩榭，鸟笼兽圈，皆为匠园者意有之物，而又一村实为独得之境。村在园西幽深处，隔以粉墙，游此园者鲜知此中有村。……——“沽酒处”，入其屋中，槿篱土壁，竹榻纸窗，朴然入古。推窗一望，北风潇洒。隔河芦荻，战战有声。下视河中游鱼，可垂钓也。出酒家小石路二十余步，稍高处有亭，上亦覆以茅。炉灶瓶几，错落安排。亭中贮无锡惠山泉，任客品尝。亭下左畔有井一，旁置蓑笠桔槔之具。井旁墙下拦以竹栅，豢养鸡鹅鸭豕之类。伫亭久望，时当落叶满地，绿菜盈畦，忽听鸡啼一声，便不知此身仍在花园中也。村中种菊老人迎余笑曰：“此间游客鲜至，间有至者，亦一望其萧然而去，客何坐忘之久也？客亦尝游杨树浦大花园与白大桥之公花园乎？大花园广约百亩，中有大河，可容小轮舟来往；并有狮象貘豹异种禽兽，又有各种鱼虾蚌蛤之类。以玻璃为墙，贮海水养之。更有鸟笼，高二十丈，大数倍之，长约半里，中植大树五六株，小树亦倍之，任鸟飞鸣上下，亦奇观也。

不仅有观赏性建筑，娱乐场所内也流行装饰，例如前面所提及的书画装饰烟馆，并成为时尚。妓馆是士商冶游雅聚常常光顾的娱乐场所，为吸引来客，常使用洋式器具来装饰。这些并非以实用性为主，而主要用于外观装饰，是一种炫耀性消费，争相夸富斗新，追逐时尚，导致争用洋货以为炫耀的风气。1872年，有人记青楼妓家时兴使用洋式器具的情景道:“青楼中矜奇炫异，陈设极精，大镜、睡椅二物所必有也”，“以西洋印花纸糊壁”。所作竹枝词咏妓家装饰的洋化：“房糊洋纸绝尘埃”，“镶金大镜挂房间”，“更设西洋藤睡椅”，“两桌琉璃高脚盘”。妓馆中陈设着这些大玻璃镜、西洋睡椅、洋壁纸、玻璃高脚盘等西洋器具，就是要“矜奇炫异”，标精致，赶时髦，趋时尚，用以招揽顾客。

这些并非出于实用生活必需的装饰，主要是出于交际、夸耀、攀比、追逐时尚、消遣享乐的社会性需求而形成的洋货流行现象，社会舆论常常从道德的角度对其进行批评。

除此之外，一些专门用来休闲的西式建筑也纷纷在近代出现，如1899年德国人在青岛修建的亨利王子饭店，除了接待宾客之外，饭店里还有一座音乐厅，其休闲功能与今无异。舞厅、游乐厅以及公园等既是重要的休闲场所，同时也是典型的休闲建筑。

第三节　运动与休闲

近代特别是鸦片战争以后，以强体为宗旨的体育运动兴起。提倡体育之风气以江苏、上海为中心，逐渐影响到全国，并由单纯的健身开始和文明幸福相提并论："人生之幸福以何为大？曰以身体强健为大。该身体强则精神必健，健则万事可立；身体弱则精神必萎，萎则一事无成。"[①]1913 年，中国派代表队参加了马尼拉第一届远东运动会。1915 年 5 月 15—22 日，第二届远东运动会在上海举行，对国内体育的发展产生了一定推动作用。1915 年 10 月，教育部通饬各地学生注重体育："体育一端为智识道德之根本，敏锐之脑力，活泼之精神，兴事立功之资，捍国卫家之选皆于是乎……本年全国省教育及全国师范校长会议均有注意体育之建议……务使全校学生分组练习，每人必习一种以上运动。"[②]

从 1915 年开始，体育逐渐在各地开展起来，如上海教育会在 1915 年 9 月决定"在上海市设一全县小学校公共大体育场"[③]，湖北武汉各校也迅速举办各种体育运动会[④]。一些城市设立体育传习所，以"储养人才"。如江苏省教育会设立体育教习所，"拟定传习以 4 个月为期"，学员为"曾在学校学习体操及曾任体操教员者"，学习内容包括"基本体操部、球戏部、器械部、田径赛部、技击部、游泳部"，"又加以种种理论上之讲习"[⑤]，体育开始升温。

武术作为中国传统的体育项目，在近代一度被称为中国

① 论体育 [N]. 天津：大公报，1904-12-28.
② 国防部厉行体育 [N]. 上海：申报，1915-10-23.
③ 组织公共体育之筹画 [N]. 上海：申报，1915-09-14.
④ 鄂省乘时而兴之运动会 [N]. 上海：申报，1915-11-08.
⑤ 发展社会体育之初步 [N]. 上海：申报，1915-11-10.

式体操。济南镇守使马良曾提倡的中华新武术居然风行全国，这套新武术包括摔跤、拳脚、棍术和剑术四科，自诩为“我国之国粹，我国之科学”①，得到北京政府和教育界的一些支持。1918年，“推广新武术”的决议被通过，新武术被列入中学以上学校的体操课程，其后，北京政府通过了把新武术定为学界“中国式体操”的决议。提倡武术的言论和活动层出不穷。从1912至1927年，一大批武术社团先后创立，构成了这一阶段武术乃至社会发展的一道独特的风景线。1923年，在上海举行了“中华全国武术运动大会”，这是采用西方体操表演竞技形式的一次尝试。

由于太平天国的发展和清军在江浙一带作战的影响，南方许多省份的游民和江浙的富商地主为避战乱，纷纷流入上海，进入租界的中国居民不断增多，各种商业店铺应时而生。上海进入了繁荣发展的新阶段，人们的社会文化也随之活跃，各种娱乐消遣业相继而兴，除了原有的茶馆、酒楼、烟馆、妓院等行业大有增加外，由于商业气氛浓厚和华洋杂处的特殊文化背景，还出现了一些新奇的消遣消费形式，如跑马场、跑狗场等。赛马会是商埠洋人社区十分流行的一种把体育竞技与赌博结合起来的娱乐方式。上海、天津、汉口、广州等地都成立了赛马会。1851年，外国人开始修建跑马场，建成后即于每年春秋举行赛马。每到赛马时，市民蜂拥前往，热闹非凡，成了上海租界的一大景观。1860年，英国人在上海最繁华的中

① 陈独秀．克林德碑[J]．新青年（5卷5号），1918(11)．

心地强圈民地，开辟跑马场。1863年，租界当局又向四周扩充，在跑马场内建造洋房、马房、办公室和大看台等设施。每年春、秋两季以赛马为名，进行赌博活动。1926年，中国官僚买办勾结外国人在上海郊区江湾引翔港开辟了另一个跑马场，进行类似洋人的赌博活动。汉口开埠不久，寓居汉口的英国人就在租界外江边的沙滩荒地上辟有马道子球场。从1896年至1905年，英国人通过贱价购买的方式购得汉口东北郊荒地800余亩，另辟跑马场，汉口西商赛马体育会正式成立。到民国初期，场内已有一条跑道、18洞高尔夫球场、足球场、网球场、游泳池等，其成员由法、德、俄、美、日等国在汉口侨民组成。

1909年，华商跑马场建成后，万国跑马场也在汉口建成。1924年，外侨和华侨在青岛的汇泉湾也建立了跑马场。这种娱乐方式既反映了外商的人生价值观，同时也是租界畸形繁荣的社会体现。

租界多数设有各国俱乐部，以进行各种社交活动和社会活动。如天津设有各国俱乐部，早年以英国的天津俱乐部为中心，内设餐厅、台球场、图书馆、报刊阅览室和九柱戏场（后来的保龄球馆）等配套活动中心。娱乐的内容有各种舞会、歌会、游戏、午后茶会、“吸烟自由音乐会”、“撤纸赛跑”和障碍赛跑等，天津租界的草地网球、服装竞赛（男士）、痛饮威士忌等活动十分引人注目。

19世纪70年代末80年代初，原来主要是西人喜欢玩的保龄球、台球等体育娱乐活动，在上海华人中也流行起来，时称“打弹子”。相继有一品香、洪园、华众会、阆苑第一楼、申园等诸家茶园开设弹子房。前文提到，畹香留梦室主的《淞南梦影录》在记述阆苑第一楼时说：“别有邃室数楹，为呼吸烟霞之地，下层则为弹子房。”弹子分大小，大弹子即保龄球，小弹子即台球。1882 年，《申报》有《观打弹记》报道云：打弹之戏“向唯西人为之，华人有窥之者辄遭斥焉。今则华人亦皆能之。自一品香拆造之后，华众会生意遂由是大盛，去年腊底至今年开正以来，竟至游人如织，人或不能出，肩为之摩，趾为之错”。由此可见人们的热衷。这种游戏流行之广，竟成为人们争相趋之的时尚。如上文中所说：“今人每好异而喜新。打弹之戏，中国向来所无，而近始有之，无怪乎爱之者众，不但打者持棒学作时路，而且观者亦若以为荣。熙熙攘攘，至于如此。”[1] 打弹之戏风行数年，以致出现了不少精于此技的高手，有的连西人也不得不佩服。

马戏也是在近代传入中国的一种新的体育娱乐项目，特别是在一些大城市，成为市民喜爱的娱乐方式：

马戏者，以马为戏，戏台之式与中国异，客座环四面，中留一园池，铺以砂土，其平如砥。先是，二西人立骑马背，驶行池中，忽耸身一跃，则马已互换矣。继而，一人跃登骑马者之顶，复叠登六人，高与屋齐，而马不停蹄，人不颠蹶。又二人拉一白布横亘台上，马由布下驰过，人则跃从布上，连跃

① 观打弹记 [N]. 上海：申报，1882-03-03.

数次。累黍不差。又数人各擎竹圈，大如栲栳，人马俱从圈中过，如织锦之梭，轻灵无匹。时众人方齐声喝彩，忽一女子怒马突出，口衔三十余磅之铜炮，攀机一发，石破天惊，而炮而不堕，其齿力真不可以数计矣。一人以帕埋土中，牵一马至，附耳与语，马即以前足掘土，衔帕而出。又一人引二马于池，其马善解人意，命之坐则坐，命之立则立，命之鸣则鸣……①

这些西洋娱乐方式的传入，开阔了当时国人的眼界，对于全民体育建设起了很大的作用，更成为当时上流阶层一种重要的休闲方式。早在1872年5月29日，《申报》中出现的第一则娱乐广告就是一则国外马戏广告，用的篇幅不大、语言平实，描述了马戏的内容、票价、时间和地点。从内容上看，这则广告显然是针对中国观众的，票价根据不同的客位而相应降低，满足了不同层次消费者的需求，扩大了受众的阶层，让国外马戏成为一项亲民的娱乐活动。

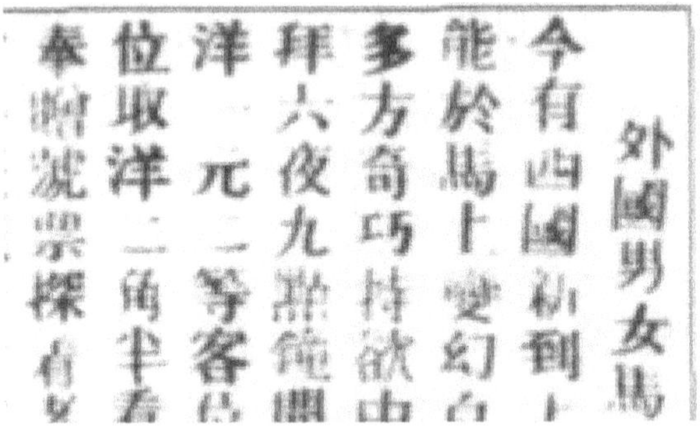
外國男女馬
今有西國新到
能於馬上變幻
多方奇巧
拜六夜九
洋一元二等客
位取洋二角半

图5-2 《申报》刊登的马戏广告

1907年，京师慈善会为募集赈款，曾在北京开演中国女

① 池志澂．沪游梦影录[M]．上海：上海古籍出版社，1989：166.

马戏，“每日来观者，中外人士络绎不绝”。

第四节　静坐与休闲

静坐是中国古代导引术的一种，如果运用得当，有一定的健身治病作用。但长期以来，静坐往往同道家的修身养性和佛家的参禅打坐相联系，添加了不少神秘色彩和封建糟粕。在民国初年提倡国粹，大学的蒋维乔（号因是子）吸取日本人静坐法的理论，参照自己20年的经验，创立静坐法。1914年10月，刊行《因是子静坐法》。该书作者以近代心理学、生理学原理为根据，剔除传统养生术中掺杂的神秘怪异成分，阐述了静坐健身的原理和方法。

《因是子静坐法》出版后，静坐养身术风行一时。不到4年时间，该书已连续再版14次。据《体育周报》记载，到1920年，提倡静坐的湖南同善社影响遍布18县，甚至偏僻小县都有分社。这时，教育界不少人积极提倡静坐，师生效法，一些学校把静坐列入课程，有些地方大学生组织了静坐会。湖南耒阳县以教育会长为首，组织中外卫生会，吸收教育界人士研究中国人静坐养身的方法及外国人操练的方法。北京大学实地修炼的学生很多。有人感慨：“民国以来，于今也有8年，什么教育、实业、政治，丝毫没有长进……独有两样事情，我国国民的程度可长进了：第一样是扑克，第二样是静坐，我国男女老少，除了正正当当劳工不计外，差不多没有一个不是内行。”“静坐几乎成了国民的趋向。”[①]这反映了静坐风行全国的概貌。

静坐风行之时，一些人士对此提出了异议。毛泽东指出：“近有因是子者，言静坐法，自诩其法之神，而鄙运动者之自损其体。是或一道，然予未敢效之也。愚拙之见，天地盖惟有动而已。”[②]鲁迅则在《随感录》也提出了微词。不过，关于静坐的激烈争论则是在1919年末和1920年初开展的，主要的舆论阵地是长沙的《体育周报》。

提倡静坐的主要代表蒋维乔认为：“我们这个人是物的方面、心的方面两者合成的。物的方面就是肉体；心的方面就是精神，所以讲到体育，这两个方面都不可偏废。体操和运动虽然可以强健筋肉，活动血脉，实在它的效验不过偏重于肉体罢了。至于精神，就不能顾到，所以育字未必完全。依我见解，必须兼用修养的功夫，方得完成此育字的意义。”根据这种立论，有人归纳了静坐健身的理由：第一，“静坐术最重姿势”，“对内是动不是静”。第二，“静坐术最重呼吸——深长的呼吸”能“催促血液循环的旺盛”。第三，“静坐术忌闭眼、忌睡着”，从而使“筋肉紧张，血液盛行”，增加新陈代谢。第四，静坐使“心力体力的劳动”调和，具有防病治病的功效。[③]主张静坐者试图以近代心理学、生理学来增强说服力，不过多少有些牵强。

---

① 特刊.[J].体育周报，1920(1).

② 二十八画生(毛泽东).体育之研究(第3卷)[N].新青年，1917(2).

③ 特刊.[J].体育周报，1920(1).

反对静坐者认为，静坐流行于社会中，“最大的害处就是使人趋于消极，我们一天一天地习静，清心寡欲，就一天一天把进取心消磨了……这样子的静坐，即令能祛病，能延年，也不过替我们中国多造一些人类的寄生虫和社会的蠢贼”[①]。这种观点对静坐的抨击有些偏激，不过，对当时社会流行的“静坐热”泼几瓢冷水却是很有必要的。

关于静坐，其实包含了一定的中国文化，“静”“心物调和”是中国文化的特征，也是现代休闲学的一个重要特征，这种不谋而合正是近代中国社会对现代休闲学的一种追求，是近代休闲文化的必然发展。中国现代意义上的休闲与西方的影响是分不开的，最初，西人在华以传教为主，他们宣传基督教，宣扬中外友好，努力消除中国人的疑忌。他们自称“博爱者”“爱汉者”，希望中国人也“视万家当一家”“视外国人与中国人当好兄弟”[②]。教义的博爱宁静会带来心灵的沉静，这使原来的浮躁、痛苦慢慢浸入宗教的博爱宁静中，芜杂的求生状态改为享受生活，宗教中的真善美恰恰与休闲的真善美是一致的。这也是西方宗教能够在中国留下的主要原因吧。这为中国人了解西方开辟了一个窗口，随着中西交往的日益增多，中国开始主动去了解西方。特别是西方的自由观念渐入中国人的头脑之中。所以在探讨百年休闲文化时，西人对于中国近代社会的影响是一个不容忽视的因素。

① 特刊 .[J]. 体育周报，1920（1）.

② 方汉奇 . 中国近代报刊史 [M]. 太原：山西人民出版社，1981：11-15.

第六章　饮食与休闲

电影《饮食男女》讲述了一个老人在妻子死后，和三个女儿的观念冲突和各自的情感故事，剧情穿插了各种家庭美食的制作过程以及和家人围坐进餐的场景。正是这一味人间烟火，让原本俗不可耐的生活变得有滋味，让原本不能释怀的家庭矛盾得以缓和。“饮食”这件事对于中国人来说绝不是肆无忌惮地吃，而是除了色、香、味、意、形之外，极富历史、民族和文化内涵的感官体验。即使在社会政局动荡的近代中国，“饮食”对于贫富悬殊的各个阶层仍有着不同的意义，它依然能实现官僚贵族的虚荣心，也能激发穷苦大众的好奇心。

第一节　不同阶层饮食与休闲

《史记·郦生陆贾列传》中说道：“王者以民人为天，而民人以食为天。”生活在近代的中国人，因为原始生产资料分配的不平等，形成了鲜明的不同社会阶层。虽说中国人对吃从不含糊，但贫富贵贱有异，食有精细粗鄙之分。一直处于社会底层的平民受经济条件所限，解决温饱问题是最基本的需求。从各阶层营养结构上看，富裕阶层有丰富的蛋白质和脂肪摄入，而贫困阶层则是连碳水化合物的摄入都不够，除了逢年过节，他们无法把吃当成一种享受。本节将主要窥探达官显贵和知识分子两类人群的饮食生活，看看他们是如何寻吃作乐的。

一、达官显贵

鸦片战争以后，中国进入半殖民地半封建社会，晚清政府即便处于国库亏空、政权不定的窘境下，皇室依然没有简化膳食和筵席的想法。与此同时，贪官污吏和纨绔子弟纵情于灯红酒绿，粉饰太平。据《清稗类钞》记载：

光（绪）、宣（统）间，则一筵之费至二三十金，一戏之费至六七百金。……故同年公会，官僚雅集，往往聚集数百金，以供一朝挥霍，犹苦不足也。生计日促，日用日奢，京师、上海之生活程度，骎骎乎追踪伦敦、巴黎，而外强中干、捉襟现肘之内幕，曾不能稍减其穷奢极欲之肉欲也。且万方一概，相皆成风，虽有贤者，不能自异，噫！①

清末，正式的筵席按照菜品规格，大致可分为七等：一等为烧烤席，俗称满汉大席；二等为燕菜（燕窝加鱼翅）席；三等为鱼翅席；四等为鱼辰（唇）席；五等为海参席；六等为蛏干席；七等为三丝席（鸡丝、肉丝、火腿丝）。在诸多筵席中，值

① 徐珂．清稗类钞（第五册）·风俗类·以物价觇俗 [M]. 北京：中华书局，1986：2188.

得一提的是慈禧太后的年夜饭，每年的腊月初八，皇宫里的人就开始为这顿饭而张罗了，500名年纪相仿的太监经过严格的集训后，负责当日的传菜。年夜饭在体和殿进行，总共摆三桌。东边为“天”桌，西边为“地”桌，而慈禧太后就坐在中间的“人”桌上，这样坐也代表着慈禧是可以和天地齐平的人。筵席开始的时候，李莲英会大喊一声“膳齐”，此时，门外的500名太监会一齐高声呼喊“老佛爷，万寿无疆！”之后，这场筵席就正式开始了，皇上和皇后会陪着慈禧太后一起上座用膳。这场筵席的菜品也是非常讲究。一般情况下，分成三类：第一类是一些具有特殊含义的菜，比如寿比南山、寿面、寿桃等。第二类就是一些比较稀有的山珍海味了，有熊掌、鹿脯之类的。第三类是一些过年过节的菜品，但是皇宫的大厨为了能够讨好慈禧，即使一些普通的菜也费尽心思。

紫禁城外，八旗贵族、官商富贾们讲究吃喝玩乐，为了给他们提供挥霍的场所，社会餐饮业随之发展起来。北京老字号八大楼就是这一时期的标志产物：“大清律”规定，八旗子弟不许经商，为了掩人耳目，他们暗中投资，雇用了精明干练的山东人在京城开设了八家饭馆，俗称“八大楼”，分别是东兴楼、泰丰楼、正阳楼、新丰楼、春华楼、安福楼、致美楼和鸿兴楼。坐落在东安门大街路北的东兴楼被列为八大楼之首，创业于清光绪二十八年（1902），是一座前出廊后出厦的大四合院，主营胶东菜系，招牌菜有芙蓉鸡片、烩乌鱼蛋、酱爆鸡丁、葱烧海参、炸鸭肫等。作家梁实秋在《雅舍谈吃》一书提及1926

年夏天在东兴楼设筵邀请同学一叙，只因东兴楼是他在北京最为中意的鲁菜馆，两道名菜——芙蓉鸡片和乌鱼钱——令他回味颇深，在文中均有描述。东兴楼在1942年歇业后，于1983年重建，经营至今。

清末民初，“官府菜”依旧是上流社会争相品馔的香饽饽。通常皇亲贵戚、官僚富商的私邸都不惜重金聘请名厨，所烹制的菜肴在规格上不能超过宫廷菜。在社会餐饮还不甚发达的年代，举办家宴成了上流社会的重要交际休闲活动。其中，在北京最负盛名的美食宴席要数“谭家菜”。“谭家菜”的创始人是官僚谭宗浚家族，1909年，谭宗浚之子谭瑑青返京，聚京师官僚饮馔，举办家宴，中国餐饮界的私家会馆由此发端。你肯定会质疑这么频繁的家宴，谭家能负担得起吗？其实，为了能品鉴美食，最初在那个圈子里以“转转会”的形式轮流请客，后期又发展成以交纳会费的形式定期举办家宴。直到20世纪30年代后，“谭家菜”终于成为对外开设的饭庄。“谭家菜”坚持“选料精、下料狠、做功细、火候足、口味纯”的门规，数十年如一日，当红其时，获“食界无口不夸谭”的美誉。当时的政界、军界、商界、文化界的名流要人以用“谭家菜”宴客为光宠，即使提前半月预订也不嫌早。京师外的人也要想方设法以品尝“谭家菜”为快。

辛亥革命后，封建帝制被推翻。溥仪依旧在紫禁城生活了十余年，靠着民国政府400万银元的年薪依然维持着御膳房，过着穷奢极欲的生活。直至1924年“北京政变”，溥仪被逐出宫，御膳房的厨师们流落至民间，社会餐饮发生了重大变革，宫廷菜肴大兴于市，“满汉全席”走入民间，成为今后近二十年官商富贾权限交易、吃喝享乐的温床。仿膳饭庄是这一时期的典型代表：1925 年，由清宫御膳房厨师开设的仿膳饭庄在北京北海公园开张，专营清宫御膳风味菜点，招牌菜有凤尾鱼翅、熘鸡脯、炸佛手卷、油攒大虾、蛤蟆鲍鱼、芸豆卷、小窝头、红娘自配、龙凤呈祥等。姚克在《北平素描》中对小窝头有如下描述：“一种栗子大小的‘窝窝头’——据说是从前皇帝吃的——式样既玲珑，口味又精美，甜蜜蜜地入口即化，连咀嚼都不必，只须辨味。”①

为了创收，民国时期，各大饭庄打出“大汉大席”的口号，招徕官僚富商前来挥霍摆阔。“大汉大席”源于“满汉全席”，因民国时期避谈“满”字而更名。以民国初年的一张筵席菜单为例，其菜点包括四拼碟子、四高庄碟、四鲜果碟、四蜜饯碟、四果品碟、四糖饯碟、八大件、十六小碗、八样烧烤、四烧烤点心、八押桌碗、四随饭碟、点心四道、四样面饭、四望菜碟等 80 多种菜肴。因过分奢侈浪费，而后被燕翅席、鸭翅席、海参席等取代。

二、知识分子

知识分子是创造文化的主体，也是文化传播的重要载体。同时，每个重要的历史转折点，知识分子作为革命的重要组成

① 姚克 . 北平素描 [N]. 上海：申报，1934-04-10.

力量，发挥着举足轻重的作用。无论是意识形态，还是社会生活，知识分子通过言论、革命等形式推动着社会的进步。饮食无疑给了他们解放思想的灵感。晚清时期，士大夫是主要的知识分子群体，入仕前为士，入仕后为官，退休后为绅。

可观的收入让士大夫可以尽享美食之欢。在封建帝制影响还颇为深刻的时期，文人墨客间的交流多聚集在私宅，因此，对家宴的配备也毫不含糊。清末民初著名的政治家、教育家、书法家于右任曾云："人生就像饮食，每得一样美食，便觉生命更圆满一分。享受五味甘美，如同享受色彩、美人一样，多一样收获，生命便丰足滋润一分。"知识分子在筵席和杯酒间畅聊国家大事，或感悟人生，一顿饭可能产生出流芳百世的墨宝，席间的点滴也可能出现在回忆录中。

居晚清四大名臣之首的曾国藩在其辉煌的政治史中，疲于公务应酬，宫廷盛宴屡见不鲜。在日常饮食中，曾国藩主张少食、素食、清淡。如果有客人来，则添一道荤菜。时人称其为"一品宰相"：一品者，一道荤菜也。诚如曾公所言："绝大学问，即在家庭日用之间。"他在家书中还常谈及食疗，开列许多具体的"菜谱"。他在信中对儿子曾纪泽说："尔少时亦极脾亏，后用老米炒黄，熬成极酽之稀饭，服之半年，乃有转机。"他对自制菜肴更念念不忘，"余现在调养之法，饭必精凿，蔬菜以肉汤煮之，鸡鸭鱼羊豕炖得极烂，又多办酱菜腌菜之属，以为天下之至味，大补莫过于此"。另有国画大师齐白石亦崇尚清淡饮食，他的代表作除了各式活灵活现的虾外，就是白菜了，齐白石有一幅写意的大白菜图，题句便是："牡丹为花之王，荔枝为果之先，独不论白菜为蔬之王，何也？"无论是曾国藩，还是齐白石，这些政要和文人的养生理念无意中传承了李渔在《闲情偶寄》饮馔部中的养生主张，即"蔬食第一，谷食第二，肉食第三"。

到了民国时期，知识分子以各种方式成为革命的参与者。五四运动由学生主导，最终演变为全民运动，打开了中国新民主主义的大门，实现了思想解放。报纸杂志和出版社等现代传媒、新式学校和学会的大量涌现，给知识分子创造了丰富的社交资源，也提供了大量的工作岗位。他们主要从事的职业有三类：一是教育工作者；二是职业作家和自由撰稿人；三是大众传媒工作者。处于这个时期的知识分子，收入基本能达到中等及以上水平，那么他们又是如何用吃来消遣闲暇时光的呢？以几位代表人物进行分析，大致有三类：第一类是注重养生的知识分子，以郁达夫为例。他的妻子曾回忆道："在衣食住行中，郁达夫最讲究的是吃。他常说：'我们无产者唯一可靠的财产，便是自己的身体。'又说：'文章做不出事小，身体养得好好的，这是第一着。'当时，我们家庭每月的开支为银洋二百元，折合白米二十多石，这可说是中等以上的家庭了，其中一百元都用之于吃。物价便宜，银洋一元可以买一个大甲鱼，也可以买六十个鸡蛋，我们比鲁迅家里吃得好。"① 可见，郁达夫先生非常注重养生，在饮食上从不吝啬。第二类是把吃当成生活情趣

① 王映霞 . 王映霞自传 [M]. 长沙：岳麓书社，2017：125.

的知识分子，以梁实秋为例。他在《雅舍谈吃》的序言中说道："偶因怀乡，谈美味以寄兴；聊为快意，过屠门而大嚼。"① 年过八旬的他生活在台湾，因糖尿病，与美食逐日疏远，并将思乡之情寄托于对家乡美食的回忆中。他在书中还提及景仰的"吃货达人"唐鲁孙。在读了唐先生的《中国吃》后，梁实秋一连写了两篇读后感。如果说，美食是作家的创作源泉，那么作家笔下的美食更能激发读者口舌之欲。梁实秋酷爱北京淮扬菜馆玉华台的汤包：

> 取食的时候要眼明手快，抓住包子的皱褶处猛然提起，包子皮骤然下坠，像是被婴儿吮瘪了的乳房一样，趁包子没有破裂赶快放进自己的碟中，轻轻咬破包子皮，把其中的汤汁吸饮下肚，然后再吃包子的空皮。②

如此生动的描述让读者的口水一直在嗓子眼儿打转。第三类则是以吃会友的知识分子。民国时期，知识分子的社会交往较多，随着社会餐饮业的蓬勃发展，餐馆、咖啡厅、酒吧成了他们的聚会场所。鲁迅在日记中多次提到邀请朋友共进晚餐，1928 年炎夏，"晚柳亚子邀饭于功德林，同席尹默、小峰、漱六、刘三及其夫人、亚子及其夫人并二女"③。1932 年 2 月，鲁迅在北京东兴楼受郁达夫邀约共进晚餐，而东兴楼也是鲁迅平时请客会友常光顾的餐馆之一。1934—1935 年间，鲁迅在上

---

① 梁实秋 . 雅舍谈吃 [M]. 上海：上海世纪出版社，2019：4.
② 梁实秋 . 雅舍谈吃 [M]. 上海：上海世纪出版社，2019：33.
③ 鲁迅 . 鲁迅日记 [M]. 北京：人民文学出版社，1976：609+919.

海的梁园致美楼设宴五次，其中有一次是，“晚在梁园邀客饭，谷非夫妇未至，到者萧军夫妇、耳耶夫妇、阿紫、仲方及广平、海婴”。

总之，作为世界美食之一，中餐依然是各阶层国人的最爱，自古以来，其便在文人笔下被津津乐道：

沪上酒馆……其中著名者向以泰和馆为先。泰和馆沪人所开，菜兼南北，烹饪绝精，大有“座上客常满，樽中酒不空”之意。此外，天津馆则有中和，宁波馆则有鸿运、益庆二楼，亦皆庭盈车马，座满婵娟，然终不若四马路苏之聚丰园、宝善街金陵之复新园尤为当行出色矣。两园上下楼室各数十，其中为正厅，两旁为书房，席房，规模宏敞，装饰精雅，书画联匾，冠冕堂皇。有喜庆事，于此折笺召客，肆筵设席，海馐山珍，咄嗟立办。门前悬灯结彩，鼓乐迎送，听客所为。其寻常便酌一二席者，则以花鸟屏风隔之，左肴右胾，色色精美。上灯以后，饮客偕来，履靴纷纭，觥筹交错，繁弦急管，余音绕梁。几有酒如池、肉如林，蒸腾成霈雾之象。虽门首肩舆层累叠积，而邀客招妓之红笺使者犹络绎于道，其盛可知矣。①（《沪游梦影录》）

类似记载比比皆是，各馆都有自家著名的特色食品。如庆兴楼的烧鸭、红烧鱼翅、红烧杂拌、扒海参虾子、豆腐溜黄菜汤、泡肚、各式饽饽熘鱼片、米粉肉等。不仅中式美食美味，中式餐馆也一向以热闹取胜，说书、唱戏、杂耍一应俱全。到

① 池志澂 . 沪游梦影录 [M]. 上海：上海古籍出版社，1989：158.

了20世纪三四十年代，城市著名菜馆酒楼娱乐甚至出现了歌星献唱、乐队伴奏、滑稽戏表演、魔术表演等。特别是大城市的大酒楼纷纷罗致名歌星、名乐队、名演员。如1942年12月，上海静安寺路上的康乐大酒楼聘“菲列宾BENNY著名乐队伴奏，并聘白燕小姐歌唱”。1943年5月，中央西菜社“入晚更延乐工，鼓琴奏曲，一阕清歌，风飘细乐，翩翩作舞，羽化登仙”。1943年，一食客就餐于新都饭店，餐时“爱普庐”乐工奏曲，并有歌女欧阳飞影登台唱《万世流芳》中之卖糖曲，其称赞歌女欧阳飞影其艺其人俱佳，“珠喉圆润，真有绕梁三日之慨”。1945年3月，南京路西藏路口的时懋饭店“日夜精彩表演每日举行。潘家班，软劲硬功惊险绝技。包一飞，南腔北调集锦滑稽。音乐午餐，音乐茶座，音乐晚宴。另有大套魔术”，“早晨茶点上午九至十一时，音乐午餐十二时至二时，音乐茶座二时半至六时半，晚餐七时起音乐助兴，每晚九时表演特别节目”。1945年8月，连新开幕的本帮菜馆萝蔓老正兴也宣扬“萝蔓大乐队演奏，著名歌唱伴星，精彩滑稽表演”。饭店酒楼争相聘用歌星演唱以助兴，许多顾客光顾饭店就餐非为饮食而来，多为了聆歌而至。从开埠到1949年，上海饭店中除了提供各色中外饮食外，还有各种娱乐项目作为饮食之外吸引顾客的辅助项目。①

① 唐艳香，褚晓琦．近代上海饭店与菜场[M].上海：上海辞书出版社，2008：193–194.

第二节　地方饮食与休闲

“婴闻之，橘生淮南则为橘，生于淮北则为枳，叶徒相似，其实味不同。所以然者何？水土异也。”早在春秋时期，中国人就意识到不同地域所生长的作物不尽相同，之后就有了“一方水土养一方人”之说。在上下五千年的历史长河中，因气候和膳食结构的影响，中国人呈现出不同的地域特征，或体现在外貌上，或体现在秉性上。清末民初之际，中国饮食文化发展趋于成熟，鲁、川、粤、苏、闽、浙、湘、徽八大菜系已形成，各地百姓也有较为固定的饮食习惯，形成了南甜、北咸、东辣、西酸的口味，伴随着人口流动，各地口味逐渐交融。大型纪录片《舌尖上的中国》描绘了中国各地的美食生态，我们从美食中感知亲情、感受大自然、感怀时间的流淌。本节，我们将近代中国史上的地方饮食按照北方人、南方人和少数民族三类群体进行划分，看看那个时期的中国人是如何透过美食来滋润生活的。

一、北方人

中国对南北的划分通常以秦岭—淮河线为界，主要包括东北、华北和西北三个地区，西北地区少数民族比较多，我们在这里主要介绍近代东北和华北地区居民的饮食习惯。从清朝末年到北洋军阀统治时期，北方在政治、经济和文化方面依然保持着重要地位。即使八大菜系中，仅有鲁菜和徽菜出自北方，也不乏南方人北上谋生，其中有不少精通各地烹饪技艺的厨师去到北京、天津、沈阳等大城市工作，有的被皇室官僚聘为私厨者，有的在租界各大洋行烹制西餐，也有的在各大酒楼任职。因此，北方不难品尝到全国各地的美味。但在寻常百姓的餐桌上还是以本地口味即鲁菜为主。

我们自北往南看，东北大兴安岭蕴藏着丰富的自然物产，但因寒冷恶劣的气候条件，不宜耕作和圈养，久而久之，东北人练就了精湛的狩猎技术，于是有了“棒打狍子瓢舀鱼，野鸡飞到饭锅里”的生动景象。习近平总书记在2018年视察北大荒时，也曾用这句话描绘旧时代的北大荒。1860年，清政府开放了哈尔滨以北的呼兰河平原，接着又开放了吉林西北草原，由此拉开了大规模移民的序幕。其中大部分移民来自关内，关内移民带来先进的生产工具，推动了东北地区农业的发展，也改变了东北人的饮食习惯。其中，关内人把玉米带到东北并进行大规模的种植。民国时期，铁岭“玉蜀黍，俗呼包尔米，有黄白二种，亦有黏不黏之分，近年种者日多，因直鲁人以此为常食”[①]。东北的另一拨重要移民来自俄罗斯，1897年，东清铁路动工，1903年通车，这条铁路西起满洲里，东达绥芬河。俄国人经由这条铁路，来到哈尔滨，俗称哈尔滨俄侨。俄侨给哈尔滨带来的饮食冲击主要来源于俄式西餐。俄籍犹太

① 黄世芳修，陈德懿纂．铁岭县志[M]. 台北：成文出版社有限公司影印版，1973：1130.

人约瑟·开斯普在1906年筹资建成了马迭尔宾馆，正如《哈尔滨指南》1931年俄文版广告中所述："马迭尔旅馆拥有最豪华的舞厅及餐厅，最现代、最舒适的客房。"时至今日，马迭尔宾馆仍然是游客到哈尔滨的必要打卡地之一，每每经过中央大街的马迭尔宾馆，人们都会随人流去买一支奶味香浓的马迭尔冰棍。

再看华北，主食以玉米、小米为主，稻米则要从南方运过来。蔬菜以葱、韭菜、白菜、萝卜为主，底层百姓很少吃肉，通常冬春只吃两顿饭，秋收吃四餐，夏季吃三餐。虽然日常饮食极度单调，但在小街小巷还是能以便宜的价钱品尝小吃。20世纪30年代，北平最穷的劳苦人吃一斤窝窝头才8大枚（合今人民币1元左右）……在路边小摊上，买一碗粗瓷海碗盛得满满的热汤面不过16大枚，分量几乎有一斤。[①] 在老北京街头还有一种声音格外亲切，"熏鱼儿、炸面筋来哟！"卖熏鱼儿的小贩背着红漆木柜走街串巷，试图丰富老百姓的下酒菜。北京街头的熏鱼儿并不是真的"鱼"，而是熏的猪头肉、猪肝、猪脑等食材，应季交替着卖。早在1903年，有一对丁氏兄弟推着小车在东安市场叫卖豆汁儿、扒糕等清真小吃，在兄弟俩的艰苦奋斗下，最后他们创建了东来顺饭庄，北京人对于涮羊肉的偏爱由此而来，而以东来顺为代表的清真菜肴则成为历史上京菜的重要组成部分。在北京，和东来顺齐名的还有全聚德，挂炉烤鸭是全聚德的招牌菜肴，因驰名中外，又被称作北京烤

① 陈明远.百年生活巨变[M].上海：文汇出版社，2010：89.

鸭。作为地标美食的北京烤鸭，其实是一道由鲁菜改良后的京菜。因其红亮的色泽、香脆的外皮、独特的卷饼吃法而深受食客的喜爱。

二、南方人

南方通常包括东南、中南和西南地区，因东西及海拔跨度大，各地有着截然不同的饮食习惯。因此，在南方土地上派生出粤、川、苏、闽、浙、湘这六大菜系也不足为奇。南方较之北方，土地更为肥沃，物产也更为丰富。再加上《南京条约》开放的五个通商口岸都在南方，更是促进了南方各大城市经济和文化的发展。除了边远地区和山区，大多数南方人的生活条件优于北方，主食以米、麦等精粮为主，普通百姓的一日三餐基本可以保证。

东南地区气候湿润、土壤肥沃，被称为鱼米之乡，在此基础上发展起来的鲁菜和淮扬菜很讲究原汁原汤、刀工精致，口味是咸中有甜、鲜香酥烂、浓而不腻，以烹制河海鲜见长，之后又衍生出浙菜和闽菜。老百姓的餐桌上可能没有酒馆的菜肴精细，但口味大致如此。近代史上，虽然南京曾一度成为民国政府的所在地，但东南地区的核心重镇还是上海。民国时期的上海已经一跃成为国际大都市，民众的休闲生活因受西方文化的影响而格外丰富和摩登。因此，大上海的“饮食男女”拥有着其他城市居民无法享有的味觉体验。据20世纪30年代商务印书馆出版的《上海指南》记载，当时的上海餐饮业已经发展得较为成熟，主要经营类型有酒馆、消夜馆、饭店、酒店、茶馆、咖啡店和大餐馆等，无论身处哪个阶级、月入几何，都能在鳞次栉比的食肆中找到适合自己的。各地人口的汇聚，使得上海的餐饮市场呈现出各地菜系荟萃的盛况，兼具京、广、川、扬、沪、苏、锡、宁、徽、闽、湘、豫、潮、杭、清真和素菜等16种地方风味特色。

中南地区最会吃和最懂吃的非广州人莫属，民间传言“食在广州”并非空穴来风。屈大均在《广东新语》中有云：“天下所有食货，粤东几尽有之；粤东所有食货，天下未必尽有。”可见，早在明清时期，广东俨然是吃货的天堂。而粤菜真正名声大噪应该是在上海滩，虽说民国初年，粤菜通过“谭家菜”传入北京，但因为是官府私房菜，无法在民间广泛流传。而上海在取代广州成为远东国际贸易中心之后，不甘示弱的广东人蜂拥至上海经商，短时间内，抵沪的广东人就达四五十万，为了迎合自己的口味，不少广东人在四川路、武昌路一带开办了一连串的粤菜馆，而善于吐故纳新的上海人和来沪移民很快接受了这个味道，懂得变通的广东人随即因地制宜，在上海创建了“海派粤菜”。在广州本地，老百姓们则津津有味地吃着早茶，广东早茶的来源要追溯到咸丰同治年间。当时广州有一种取名为“一厘馆”的馆子，门口挂着写有“茶话”二字的木牌，供应茶水糕点，设施破旧，仅以几把木桌木凳迎客，聊供路人歇脚谈话。后来出现了茶居，规模渐大，变为茶楼，此后，广东人上茶楼喝早茶已蔚然成风。“在广东，有好些人一天要上三四次茶居，恬不为怪，尤其是劳动阶级最多这样的习惯。有人指摘以为这是不良的社会现象，既费时，又伤财。但是在民众娱乐、民众消遣没有施设的社会，这种现象是自然会产生的，比之在赌场烟窟里流连忘返已经算等而上之了。”①

晚清曾朴的小说《孽海花》第二回里一班少年谈及上海的繁华，提及沪上的菜肴说：“……京菜有同兴、同新，徽菜也有新新楼、复新园；若英法大餐，则杏花楼、同香楼、一品香、一家春……”

可见当时上海滩的菜肴已闻名遐迩，品赏佳肴成为人们日常休闲的重要方式之一。自1843年开埠以来，上海的繁华景象日盛一日，“来游之人，中朝则十有八省，外洋则二十有四国”，上海形成了五方杂处的局面。菜馆、饭店随来沪各色人等的增多而兴旺。胡祥翰在《上海小志》中说：“沪上酒肆，初仅苏馆、宁馆、徽馆三种，继则京馆、粤馆、南京馆、扬州馆、西餐馆纷起焉。……近则闽馆、川馆最为时尚。”19世纪70年代，沪北租界地带已经是“有馆皆歌，无街不绣……玉盘百品，易牙调羹。豹舌熊蹯，何止脍毋厌细；玉杯象箸，果然器必求精”②。“酒楼不下百区，烟馆几及千处，茶室则到处皆是，酒肆则何地能无，戏园戏楼亦十余所。”③人们一到上海这个繁华的世界，则很快习染了豪奢之气，“客到申江兴便狂，

① 张亦庵．茶居话旧[J]．新都周刊，1943(22)．

② 葛元煦等．沪游杂记[M]．上海：上海书店出版社，2009：142.

③ 陈无我．老上海三十年见闻录[M]．上海：上海大东书局，1928：112-113.

纵饶悭吝也辉煌。四元在手邀花酒，八角无踪入戏场。但看衣裘原绮丽，若论事业竟荒唐”[①]。洋场地区风习尚奢华，酒馆中多浪游子弟，“如此翩翩不识丁，全身装束效优伶。魂销酒馆兼烟馆，心醉嫖经共赌经”。到了19世纪80年代，租界奢侈之风盛行，在饮食上，“下箸万钱，岂让何曾独侈哉”[②]。

林立的酒楼饭店有兴亦有废，既有百年老店，如上海老饭店（1875）和德兴馆（1878）、粤帮的杏花楼（1851）、徽帮的大富贵菜馆（光绪年间）等，也有新兴的西餐馆，《沪游梦影录》提到了不一样的番菜馆和消夜馆，值得注意：

若夫番菜馆、消夜馆，其染指而尝者辄诧为未有。番菜馆为外国之大餐房，楼房器具都仿洋式，精致洁净，无过于斯。四马路海天春、一家春、一品香、杏林春皆是也。人各一肴，肴各一色，不相谋亦不相让，或一二人，或十数人，分曹据席，计客数不计席数。……向时华人鲜过问者，近则裙屐少年，巨腹大贾，往往携姬挈眷，异味争尝，亦沾染西俗之一端也。消夜馆者，广东馆也，广人日仅两餐，夜半则加一餐，故曰“消夜”。大小消夜甚多，惟杏花楼、中华园为最。窗棂屏格，雕镂绝伦，金碧丹青，辉煌耀日。平时小饮，可以两客叫一消夜，一客者，冷热两菜也、夫番菜馆已较廉于它馆，而消夜则又廉矣。此酒馆也，亦游沪者必有事也。[③]

① 葛元煦等．沪游杂记[M]. 上海：上海书店出版社，2009：65.
② 唐艳香，褚晓琦．近代上海饭店与菜场[M]. 上海：上海辞书出版社，2008：197.
③ 池志澂．沪游梦影录[M]. 上海：上海古籍出版社，1989：158.

可见当时的餐馆饮食并不是单纯为了旅途劳顿者去饥解乏而设，而更多是为了饱腹之余、闲适之时的品食美味。19世纪中叶，广州、上海开埠后，西餐业也进入中国，起初只为外国侨民服务，“外国酒店多在法租界。礼拜六午后、礼拜日西人沽饮，名目贵贱不一。或洋银三枚一瓶，或洋银一枚三瓶。店中如波斯藏，陈设晶莹，洋妇当垆，仿佛文君嗣响，亦西人取乐之一端云”。

西南地区因地处偏远山区，城市化进程缓慢，主要以农村和少数民族人口为主，与其他地区相比，经济较为落后。但因丰富的自然资源和适宜的气候，当地老百姓尚能自给自足。西南地区居住着较多少数民族，各民族有各自的饮食习惯，生活在此的汉族人民保留着以大米为主食的传统，因潮湿的气候条件，形成了重辣的饮食口味。这其中最具代表性的就是川菜。巴蜀地区作为古代封建王朝必争之地，不乏统治者的“关照”，曾战火纷飞，也曾繁荣兴盛。晚清的成都，食肆已成规模，且极具特色。当时已分有专事包席的包席馆，既卖川菜又供应江浙、湖广菜的南堂馆；还有经济实惠的本地炒菜馆、便饭铺，亦有主营外菜洋菜的大餐馆；有乡土风味浓郁的小食店，也有流动小摊挑担的“游动小吃”等。[①] 到了民国时期，川菜名店名师辈出，兴起了正兴园、聚丰园等闻名全国的品牌。文学大师李劼人先生曾这样评价“满城”（清末民初时成都的别称）：“满城是另一个世界，是一个极消闲而无一点尘俗气息，又到

① 向东 . 百年川菜传奇 [M]. 南昌：江西科学技术出版社，2013：20.

处是画境、到处富有诗意的地方。”

三、少数民族

从清末到民国，少数民族问题一直困扰着统治阶级。清朝满族统治时期推行“因俗而治”的政策就是在国家统一原则的大前提下，承认各民族的传统风俗、信仰教规、管理制度等原生习惯体系，从而维护统治稳定。汉满之争时期，孙中山倡议建立兴中会，以“驱除鞑虏，恢复中华”为宗旨，希望通过“革命排满”，推翻清朝政府，当满族政权被推翻后，孙中山建立了中华民国并提出了“五族共和”的口号，强调了在中国的五大族群汉、满、蒙、回、藏和谐相处，共建共和国。在这个历史时期的少数民族汉化程度不高，保留了原有的民族风俗和生活习惯。下面我们来看一看满、蒙、回这三个主要少数民族的饮食生活。

满族是基于女真族的大融合基础上产生的，主要生活在东北地区。满族在饮食习惯上继承了女真族食用鱼类、兽类和菌菇的传统，直到入关成为统治阶级后，在汉文化的影响下，满族的饮食文化才实现了从粗略到精致的转变。首先，在烹调方式上，满族社会除了继承女真掌握的烧、烤、煮的方法外，又学会了蒸、炸、熘、熬等烹饪方法；其次，在食物来源上，满族皇室的食材由各地进贡，都是山珍海味等精品，而满族百姓食用的是自己狩猎而得的战利品，或是在市集上交换的食品。在近代百年间，满族饮食最大的变化就是在与汉族交融过程中创造出了宫廷宴和官府菜，特别值得一提的是“满汉全席”，起初，这并不是宫廷宴席，而是官场菜。汉族官员为奉承满族官员设宴，菜品以满族菜肴为主，再配上几道汉族名菜，这样既顾全了满官注重野味的需求，又兼顾了汉官偏好风雅的特点。

在清代，蒙古族以畜牧经济为主，据《清代蒙古史》记载：“从事半农半牧业生产的蒙古人，日常生活以谷物蔬菜为主食，辅以肉食。”《马可·波罗游记》中也有记载说：“鞑靼人完全以肉食和乳品作食物，一切饮食来源都是他们狩猎的产物。”内蒙古地区地处高寒带，特殊的地理环境和恶劣的气候特点决定了居住在这里的人们必须以高脂肪、高热量的肉食和奶食为主，这样才能产生与朔风暴雪、狂沙飞尘抗争的力气和精神。直到汉族带来了先进的农业生产技术，蒙古族才开始陆续摄入粮食制品。据《蒙古风物志》介绍：“由于蒙古人经营农业，食品中的粮食增加了，不仅是原有的炒米、莜面、荞面，并增多了大米、白面、高粱、谷子、豆类，还增加了多种蔬菜，除原有的葱、韭以外，又增加了白菜、萝卜。”蒙古人的饮食习俗讲究先“白”后“红”，即先喝奶茶，后吃肉，无论是日常饮食，还是宴请贵客，都严格遵循这个顺序。对于蒙古族来说，茶不是饮料，而是主食。奶茶在蒙古族的食谱中占有核心地位，“宁可一日无饭，不可一日无茶”形容的就是蒙古族对茶的重视。

回族是以唐宋元时期东来的阿拉伯人、波斯人和中亚各族穆斯林为基础，在中华大地上吸收汉、蒙古、维吾尔等民族成分而形成的一个民族共同体。除汉族外，回族是分布最广泛的民族，因此回族的饮食习俗遍布中国各地，形成了以清真菜为主的饮食体系。光绪年间，清真食品在紫禁城颇受欢迎，光绪帝还经常派太监去宫外买清真熟食。清末民初，经营清真菜的食肆在京城广泛分布，做法也越加精细，陆续出现了天津的十二楼和北京的东来顺等清真菜名店。到了 1912 年，全国已经形成了稳定的清真餐饮市场。

第三节 岁时节庆饮食与休闲

中国的传统节日涵盖了原始信仰、祭祀文化、天文历法、易理术数等人文与自然文化内容，有着深邃丰厚的文化内涵。作为一个多民族国家，各民族对照着农历，延续着各自的节日。司马迁说："阴阳四时、八位、十二度、二十四节各有教令。"[①] 可见，在农历中形成的二十四节气是中国人定义节日主题的重要参照之一。在近代中国史上，传统节日曾因为历法的变更而遭受冲击。1912 年，孙中山在南京举行民国临时大总统的就职仪式上宣布《改用阳历令》，但初期，其在民间很难推广。到了 1929 年，国民政府颁布了 543 号命令，规定"以后历书，自不应再附旧历，致碍国历之推行"，"不得再于十九年历书及日历

① 司马迁．太史公自序·史记，中华书局，2010：7641.

内附印旧历，以利国历之推行”。[①] 但即便如此，老百姓依然过着自己的农历新年，只有政府官员在庆贺元旦新年。除了历法变更的影响外，近代中国受到西方文化的熏陶，引进了一些西洋节日，从官僚富商到知识分子，纷纷效仿。赵凤玲认为从西方移植过来的节日有三个明显的特点：“一是完全外来，为中国传统节日所无，比如情人节、圣诞节等；二是在传统节日中融入了一些西方的内容，如春节，除了传统的跪拜之外，增加了西方的一些礼俗，如西式名片、握手礼、穿西服、吃西餐、喝洋酒等；三是吸纳西方工业文明的成果，在节日里增添新的娱乐气象。”[②] 无论节日构成如何变化，中国人在节日饮食习俗上还是保持着悠久的传统，下面我们以春节、清明节、端午节和中秋节这传统的四大节日为例，看一看近代汉族人民是如何享受节日美味的。

一、春　节

春节是农历新年，严格来讲，正月初一这一天算作春节，但因中国人对春节的重视，每年春节前就开始张罗筹备，热闹的气氛一直延续到正月十五，因此，在民间，“过春节”绝不仅仅只有正月初一这一天。在春节期间，吃是最有年味的项目。首先，从年货开始，过节前，老百姓们开始采购鸡鸭鱼

① 训令第 543 号 . 国民政府公报（第 207 号）[Z]. 国民政府文官处印铸局印行，1929-10-08.

② 赵凤玲 . 西俗东渐与近代中国节日的特点 [J]. 中州学刊，2007(6) .

肉、南北炒货、糖饵果品等年货，年货内容各地有异，但宗旨都是营造走亲访友的热络氛围并给新年讨个好彩头。其次，最值得期待的春节大餐就是年夜饭，晚清诗人筱廷在《成都年景竹枝词》中说："一餐年饭送残年，腊味鲜肴杂几筵。欢喜连天堂屋内，一家大小合团圆。"这首小诗生动再现了当年成都人吃年夜饭的场景。年夜饭的种类繁多，南北有异。在上海的老百姓吃着传统的"老八样"，这八道菜为：扣三丝、白斩鸡、百叶扣咸肉、红烧鱼、蛋饺、蒸三鲜、走油肉、肉皮汤。而在东北，过年时必须要杀年猪，东北童谣中说"小孩小孩你别哭，进了腊月就杀猪"，"小孩小孩你别馋，过了腊月就是年"，在东北的年夜饭上，猪肉炖粉条是一道分量十足的大菜。另外，对于春节来说，最具代表性的习俗是北方过年吃饺子，而南方则吃年糕。除夕夜吃饺子有"更岁交子"之意，而饺子的不同形状和馅料也被赋予了美好的寓意。如鱼形、元宝形、月牙形等不同形状的饺子代表着年年有余、财源滚滚、五谷丰登等不同的寓意；芹菜馅、韭菜馅、白菜馅等不同馅的饺子表达着勤财、久财、百财等美好祝愿。①

二、清明节

清明节源于二十四节气，不仅是民间传统祭祀的节日，也是万物复苏、适合春耕春种的好时节。清明节除了缅怀祖先，也是人们春游踏青的好时节。历史上农历三月有三个节日挨得

① 丹青．中国人的年夜饭 [J]. 上海质量，2016(1)：66-68.

很近，分别是上巳节、寒食节和清明节，宋代以后，三个节日基本融合在一起，因为习俗相近，老百姓们通常只过清明节。清明节并不像其他节日一样欢闹，但也有属于这个节日的特定美食。清明节，不同地方有不同的饮食习俗，如江南吃青团、客家人吃艾粄、厦门吃薄饼等。青团是清明节美食的代表，用艾草挤出的汁拌入糯米粉里，裹上豆沙或蔬菜等咸甜各异的馅料，蒸熟后即可食用。青团带有艾草的清香，香糯可口，艾草有平喘、利胆、消火、抗菌、驱寒、除湿等功效，因此，青团也是一道非常健康养生的点心。对于客家人来说，他们的青团叫艾粄或艾米果，制作手法和青团大致相似，唯独增加了花生和芝麻这两种原料。根据对赣南城乡地区几个客家村落的田野调查显示，人们对于艾米果的记忆为：

传说在晚清时期，有个姓艾的女人，大家都亲切地称呼她为艾嫂子。艾嫂子在修水县城清云门外搭建了一个小茶棚摆设茶摊。当时喝茶的人并不多，为了招徕顾客，艾嫂子就用艾叶与糯米粉做成包有糖馅儿且形似饺子的点心，哪知道做出来后，这东西清香可口，色泽翡翠，一时间门庭若市，顾客络绎不绝。一位儒者（也有人说是一位武将）品尝后赞不绝口，开始询问艾米果的名字，艾嫂子并没有想出这东西叫什么。遂请儒者为其取名“艾米果”。[①]

① 黄清喜，谭富强．赣南客家清明节饮食的“历史辨析”与文化再生产[J]. 江西理工大学学报，2017(8)：90.

三、端午节

每年的农历五月初五为端午节，其源于吴越先民拜祭龙祖，祈福辟邪，后又用作纪念楚国诗人屈原投汨罗江的事迹。2009年9月，联合国教科文组织正式批准将其列入《人类非物质文化遗产代表作名录》，端午节成为中国首个入选世界非遗的节日。民间关于端午节的由来有很多不同的说法。作为传承2000多年的节日，中国人不再纠结它是怎么来的，反而更享受历史流传下来的属于端午节的特有习俗。“五月五，是端阳；门插艾，香满堂；吃粽子，撒白糖；雄黄酒，身体壮；划龙舟，喜洋洋。”这首歌谣生动地体现了端午节的饮食风俗。先来说说雄黄酒，我们对于雄黄酒的深刻印象也许源自许仙和白娘子的传说。白娘子在端午节饮用雄黄酒后现出原形，可见雄黄酒有辟邪的作用。《清嘉录》卷五记：“研雄黄末，屑蒲根，和酒以饮，谓之雄黄酒。又以余酒染小儿额及手足心，随洒墙壁间，以驱毒虫。”除了辟邪外，雄黄酒还有驱虫的功效。大多数人认为端午节吃粽子的习俗是为了纪念屈原，其实早在周朝就已经有了仲夏之月吃“角黍”（即粽子）祭祖的习俗。因粽子口味绝佳，历年来，被讲究饮食的中国人创新改良成了大小、形状和口味各异的粽子。包裹粽子的材料和粽子本身的原料在不同地区间存在差异，北方人习惯用苇叶包粽子，而南方人习惯用箬竹叶包粽子。

四、中秋节

中秋节起源于上古时代，普及于汉代，定型于唐朝初年，盛行于宋朝以后。自周朝起，每年阴历八月十五就有迎寒和祭月的习俗。到了民国时期，中秋节则延续明清的习俗，以赏月、拜月、玩月和吃月饼为主。当然，在中秋祭月的供台上，美味不只月饼一种，还有南瓜、田螺、芋头和桂花酒等。我们先说月饼，因其与十五圆月一致的形状而成为祭月的首选贡品。但最初，它没有名字，传言唐玄宗和杨贵妃中秋赏月，杨贵妃仰望皎洁的明月，脱口而出“月饼”。从此，“月饼”一名就流传开来。到了明清时期，月饼进入了专业化生产，因各地自有特色，逐渐形成了苏式、广式、京式、滇式等不同口味。其实，月饼不仅被用来祭月，还是亲友间在中秋相互问候的馈赠佳品。清代袁景澜的《咏月饼诗》，其中的“入厨光夺霜，蒸釜气流液。揉搓细面尘，点缀胭脂迹。戚里相馈遗，节物无容忽……”生动地描写了月饼制作、亲友间互赠月饼的情景。月饼作为被赋予团圆意义的点心，频繁出现在文人墨客的诗词里，其中，在清代文学大师袁枚的《随园食单》里还详细记录了月饼的制作方法。近代中国人民并不是每家每户都吃得起月饼的，在南方地区有着“有钱人家吃月饼，穷苦人家吃南瓜”的风俗。而关于中秋吃南瓜的另一种说法叫作“摸秋”。传说有妇女不孕者，亲朋好友结伴到瓜园里偷南瓜，摸上南瓜后，用红布裹好，敲锣打鼓送到妇人家中，口中念道：“种瓜得瓜，种豆得豆。”

第四节 西餐与休闲

西餐在中国人看来是外来物，但在世界菜系分类中，有法餐、意大利餐、中餐、日餐，等等，却没有西餐这个派系。究其本身而言，它一直属于“中国概念”。广义地讲，西餐是指西方国家即欧洲、美洲和澳洲等白人地区惯用的饮食。早在张骞出使西域时期，就曾陆续引入葡萄、石榴、核桃、芝麻、蚕豆、黄瓜、胡萝卜等西式原料。到了唐朝，因国势强盛，与各国经济文化往来密切，受西域诸国和北方少数民族饮食的影响，逐渐形成了“胡风”饮食。明朝后期，西学东渐之风对中国的学术、思想、政治和社会经济带来重大影响，并将西方饮食文化在中国广泛传播开来。鸦片战争以后，随着传教士、商人和军官等外籍人士的大量涌入，他们的饮食文化逐渐形成产业链，进入了中国人民的社会生活。李伯元在《文明小史》中最先提到了“番菜”，这也是西餐在近代中国史上首个重要称法。而后，鲁迅在《花边文学·洋服的没落》中写道：“学戏台上的装束罢，蟒袍玉带，粉底皂靴，坐了摩托车吃番菜，实在也不免有些滑稽。”

21 世纪的今天，西餐厅已铺天盖地，但对中国人来说，这类“外来物”始终无法取代一日三餐的地位。正因如此，西餐以“非日常餐饮”的角色杀入了人们的休闲生活中，以其优雅的环境、细致的服务和养生理念而逐渐被中国人所接受。如要追踪西餐对中国近代社会生活的深入影响，就要从1842年清政府签订《南京条约》后开始讲起。《南京条约》是清政府和英国签订的不平等条约，除了割让香港岛外，还设立了广州、福州、厦门、宁波、上海五处为通商口岸。随着军人、官员、传教士、商人等外籍人士的大量涌入，口岸城市率先成为西餐产业的试验田，下面我们以广州、上海、北京三座城市为例，微观近代中国史上这些城市的居民是如何与西餐共处的。

一、广　州

广州是海上丝绸之路的起点，也是鸦片战争前中国唯一的通商口岸，是西餐进入中国后最早的传播地之一。西餐被当地人称作“番食”。而粤菜发展到今日能看出有不少西餐的影子，这和广州人包容开放、懂得融会贯通的个性有着密切联系，粤菜擅长焗、烤、扒，而这些正是西餐最基本的烹调手法。广州十三行鼎盛时期，为了促进对外贸易，广州富商多在家中设宴邀请外国商人，而洋人商行也频繁设宴和鸡尾酒会邀请中国官商，“客人亲手酌葡萄，响彻琉璃兴倍豪；寒夜偎炉倾冷酒，不知门外雪花高”，这首诗生动描绘了当时西餐宴会的交际氛围。《清稗类钞》中记载：“国人食西式之饭，曰西餐，一曰大餐，一曰番菜，一曰大菜。席具刀、叉、瓢三事，不设箸。光绪朝，都会商埠已有之。至宣统时，尤为盛行。”由此可见，最初西餐仅是官商才能接触到的食物，仅在家中设宴品尝，直到光绪年间，渐有西餐馆出现，到宣统年间，其才成为广为流行的餐食。

广州第一家西餐馆名为“南关太平馆”。南关太平馆始建于1860年，从一家街头商贩历经百年，成长为连锁西餐厅。南关太平馆创始人徐老高原在沙面旗昌洋行当厨师，习得西餐烹制技艺后，为迎合中国老百姓的口感，大胆采用中西合璧的方法烹制西餐，最终在南关太平沙开设店铺。招牌横书“太平馆西菜”，直书“番菜番饼”。招牌菜主要有以豉油汁烹调的猪扒、牛扒、烧乳鸽和烟鱼等，消费群体主要为满清官员、洋行买办等。可见西式菜肴在民国时期虽不是主流，但也逐渐流行起来。1956年，公私合营后，徐氏家族从太平馆撤资，彻底将经营重心转移香港。因粤菜在广州的主导地位，西餐始终无法刺激广州人的消费欲望。他们借鉴了西餐的烹饪手法去改良粤菜，却无法寄情于西餐。近代广州的酒楼铺天盖地，成为社会交际的中心，也成为中国餐饮业的重要发源地之一。

开放的广州在民国时期已有较为成熟的西餐业，除了主营西餐的饭店之外，诸多粤菜馆也普遍提供西式菜肴。在口味上，以英式为主，兼有法国、俄罗斯、德国等风味。广州的西餐厅在装修和布局上非常讲究：除了西洋风格的室内陈设外，桌与桌之间的适当距离、柔和的灯光、靠背的座椅、干净的台布、配备的儿童座椅和门帘电铃等设施，处处迎合西方人的用餐习惯。西式服务在当时也是备受肯定：衣着整洁、微笑服务、轻声询问、热情招呼是基本要求。有些餐厅甚至规定店员不能抽烟喝酒、扎堆聊天，不能背后评论顾客，不能随意翻看顾客的随身物品，不能顶撞客人，如有违规，即作开除处理。原本是非常人性化的服务之道，最终还是被过分解读和应用了，“女招待”的出现让当地西餐厅、茶馆、酒馆等场所一度走向黑暗面。六国、金轮等西餐厅大肆宣传这类服务，“女招待”除了斟酒倒茶、迎来送往外，服务内容逐渐走向低俗趣味。“一变为时装盛饰，陪酒清歌以博顾客欢心，甚或狂言浪语，打情骂俏，乃至猥亵狎邪者有之。”民国中期，这种现象已经普遍存在于各大城市中了。

二、上　海

1843 年 11 月，根据《南京条约》和《五口通商章程》的规定，上海正式开埠。从此，中外贸易中心逐渐从广州转移到上海。西餐正式入驻上海滩，并在这块宝地上经历了排斥、接纳和流行三个重要阶段。翻看文人墨客最初对西餐的评价，能体会到他们的鄙夷和不适：口味上，西餐的生冷和腥膻是大多数中国人无法接受的；餐具上，刀叉的使用对当时的国人来说是一种“野蛮”的行为，更不用说左右手同时开工造成的不知所措；用餐礼仪上，国人认为西餐过于随便，“分餐而食”不够热闹，更不够“文化”，仅仅是对食材的简单加工，与中国烹饪的“制法透味”大相径庭，无法体现东道主的诚意。

他们坐在餐桌旁，吞食着一种流质，按他们的番话叫作苏披。接着大嚼鱼肉，这些鱼肉是生吃的，生得几乎跟活鱼一样。然后，桌子的各个角都放着一盘盘烧得半生不熟的肉，这些肉浸泡在浓汁里，要用一把剑一样的用具把肉一片片切下来，放在客人面前。我目睹了这场景，才证实了以前常听人们说的是对的：这些“番鬼”的脾气凶残是因为他们吃这种粗鄙原始的食物。①

为了应对这种不适感，上海人决定改良西餐，随后就开始了“西菜中吃”和“中菜西吃”的融合与实践。以煎牛排为例，我们来比较两份菜谱，就能理解什么是“西菜中吃”了。1909年《造洋饭书》上煎牛排的做法为：整盆内放一些油（或猪油或奶油皆可），用热油如滚，把牛肉放在内煎。用肉剪翻动，熟后加一些盐，不要加水。取出后，小汤内撒上干面调和，再加热水，做小汤，放在碗内，此汤不要浇在肉上，用别器盛之。② 而1923年出版的《西餐烹饪秘诀·第二编》写道：“先用鸡蛋搅匀加入切细球葱、食盐、胡椒末等，乃将牛肉放入拌炸，上面掺了面包屑。一面用猪油倾入锅，煮至华氏三百五十度至四百度之间。将拌匀的牛肉放入煎着，待它的颜色变成黄色的时候，那肉就是熟了。”③ 煎牛排之前是否腌制是区分中西做法的重要特征。当国人逐渐接纳西餐后，以此带来的中外人士社交等社会休闲活动便热络起来。

上海开埠初期，西餐馆的顾客多为外国侨民和当地官商。到了清末民初，随着西餐馆的普及，知识分子等中产阶级也加入了西餐消费大军。上海早期西餐厅的代表德大西菜

① 亨特．旧中国杂记[M]．广州：广东人民出版社，1992：40.
② 邓立，李秀松注释．造洋饭书[M]．北京：中国商业出版社，1986：8.
③ 李松耳．西餐烹饪秘诀·第二编[M]．北京：世界书局，1923：1–2.

社于1897年为德国人经营，1910年“一战”爆发前，被中国人陈安生收购，开业初命名为“德大牛肉庄”（Cosmopolitan Butchery），几经更名后，直到20世纪70年代才固定为“德大西菜社”。德大可以说是海派西餐的开山鼻祖，将西餐根据上海人的口味进行了改良，首创了海派西餐最闻名遐迩的“老三样”——炸猪排、罗宋汤和土豆色拉。西餐业在上海发展迅速的主要原因除了外国侨民人数逐年增加外，还有上海滩赶时髦和开洋荤的社会风气。在中外贸易往来密切的上海，这些靠和外国人做生意一夜暴富的国人，为了和洋商套近乎，无论是生活习惯，还是行为方式，都尝试着“西化”。《申报》对这一现象曾有提及：

> 上海为通商大埠，西人之处此者最多，华人类多效其所为……至于坐马车、登轮舟，华人皆以为乐，甚至雪茄之烟衔于口中，弹子之房游于假日，大餐之馆座客常满，左手持叉右手执刀，以恣大嚼者，皆华人也。酒则香饼（槟），茶则加非（咖啡），日用之物皆以有一洋字为佳，此皆华人学西人之明证也。①

除了这些崇洋媚外的商人外，对西餐有着特殊情结的还有留洋归国的知识分子。民国时期，驻华美籍女作家项美丽（Emily Hahn）在自传《中国与我》（*China to me*）中提到邵洵美的弟弟璜。从巴黎学成归来的他说道：“我在外头吃饭时，会先去占美厨房（Jimmy's Kitchen）吃点东西。”这是一家由美国退役军人吉米于1925年在上海开设的西餐厅，主营午间简餐。

① 论西人渐染浮嚣之气 [N]. 上海：申报，1883-10-25.

西餐在上海实现了长足的发展，因为适当的“海派化”而被更多的国人所接受。20世纪30年代的上海，西餐不再有新鲜感。“西菜已非初行时的皇家式，逐渐趋向通俗化了。华人经营又迎合国人的心理，口味，菜品的煮馔，间参中法，同时广式的菜肴也实行西菜化，逐渐蜕化，所以近年来西菜在上海没有先前惊奇了”[①]。

三、北　京

西餐在北京的发展可能要从紫禁城开始。鸦片战争后，晚清皇室和列强诸国还保持着频繁的政治往来，慈禧不时设宴邀请外国公使夫人，为了迎合其口味，大都以西餐为主。辛亥革命后，废除了封建帝制，生活在紫禁城的宣统帝溥仪对于西餐的喜爱却不亚于慈禧，他不仅在宫里设立了番菜厨房，还配备了四位洋人厨师，直至1924年溥仪被逐出紫禁城而移居天津，依然保留着吃西餐的习惯。溥仪对于西餐的偏爱实则深受他的英文老师庄士敦的影响。

北京的寻常百姓接触西餐要从1900年八国联军入侵开始。为了供入侵洋人吃喝享乐，1900年冬天，法国人邦扎和佩拉蒂在兵营东面开了一家小酒馆，经营葡萄酒、煎牛排、煎猪排等西式菜肴，因供不应求，迅速扩张，第二年搬迁新址，并将酒馆正式命名为“北京饭店”。不久，两人因关系不和，将饭店卖给了意大利人卢苏。卢苏把饭店改良成了吃住齐全的星

① 王定九．上海顾问[M]. 上海：中央书店，1934：207.

级饭店，于1903年，将北京饭店迁至现址王府井。当时，军阀官僚、前清皇族以此为据点，举办各类宴会，大致有以下三种：一是冷餐会。西餐长桌上摆上了各种西餐吃盘，放上刀叉。长桌上有五种酒杯，分别盛有烈性酒、红葡萄酒、白葡萄酒、香槟酒和啤酒，客人可根据爱好随意饮用。二是鸡尾酒会。这类酒会的吃食比较简单，以炸土豆片、花生米、计司条和鱼子、冷牛肉等来下酒，宾主在宴会中可以自由走动、交谈、选取食品。三是私宴。即把饭店厨师叫到自己家里举办宴会，要价一般都很昂贵。[①]1915年，袁世凯复辟称帝后，曾在北京饭店举行了一场盛大的鸡尾酒会招待各国使节。餐厅中间布置了U字形的长台，上面摆放着各种西式点心，如克罗冬、三明治、花生米、橄榄、土豆片、计司条等。在另一端设有吧台，放着各类鸡尾酒和饮料。餐厅中设有少许座位，袁世凯和各国大使及夫人都是站着边聊边吃，侍者则端着盛有鸡尾酒和西点的托盘，穿梭往来于客人间。

和北京饭店处于同一时期的另一家在历史上有重要意义的西式饭店是六国饭店。之所以名为“六国”，是因为由英、法、美、德、日、俄六国合资，六国饭店有客房200余套，是当时北京最高的洋楼之一。1907年日本人所编《北京志》载，六国饭店“巍峨耸立，乃北京最壮美建筑物”。1925年，随着六国饭店地位的提高，原有建筑无法满足需要，于是对饭店再

① 李少兵．民国时期的西式风俗文化[M]. 北京：北京师范大学出版社，1994：13.

次进行了扩建，在原来的基础上又加高了一层。六国饭店主要顾客为各国公使、官员及国内上流社会人士，他们在此住宿、餐饮、娱乐，举行婚宴、社交舞会和鸡尾酒会等，其昂贵的价格是普通老百姓可望而不可即的。饭店引进了地道的西式服务礼仪，其中最著名的一条就是“女士优先”，并在日后的国内社交礼仪中流行开来。另外，六国饭店还是下台军政要人的避难场所。

1920 年以后，北京的西餐馆发展到 12 家，逐渐成为寻常百姓也能消费得起的餐馆。据报刊记载，北京的醉琼林、裕珍园、得利等西菜馆经常高朋满座，因为菜点供不应求，而增设了包伙、送菜上门和提前预订等服务。鲁迅在北京任教时，曾到益昌西菜馆，包食每日的午餐。

总之，西餐的盛行既是欧风东渐中西饮食风俗融合的一种表现，也与人们的追求时髦及崇洋心理有关，以好吃、会吃闻名于世的中国人也以吃西餐为时髦。19 世纪七八十年代以后，在口岸地区的西餐馆出现了从“华人间亦往食”到“异味争尝”的变化[①]。20 世纪初，北方的一些大中城市，一部分中产阶级的应酬活动也从中餐馆挪到西餐馆，除了新奇之外，还因为西餐馆环境典雅、屋舍洁净。风气所染，“满清贵族，群学时髦，相率奔走于六国饭店”[②]。各地西餐厅、西餐馆的生意日渐

① 转引自孙燕京．晚清社会风尚及其变化 [J]. 中州学刊，2004 (6)：135–139.

② 转引自孙燕京．晚清社会风尚及其变化 [J]. 中州学刊，2004(6) .

红火。1900年庚子事变后，京津地区也流行起西餐厅来。“北京自庚子乱后，城外即有玉楼春洋饭店之设，后又有清华楼。近日大纱帽胡同又有海晏楼洋饭馆于六月十七日晨开张。盖近年北京人于西学西艺虽不知讲求，而染洋习者正复不少，于此可见一斑矣。”[①]天津同宴楼饭店于1905年5月16日开张，大张旗鼓地宣传其特色。1910年建成的天津新亚饭店更是集吃、住和娱乐于一身，为人们消费和娱乐提供极大的便利：“津埠为畿辅名区，中外官商群焉戾止，风气既日见开通，市面亦倍臻盛。虽饭庄酒馆斗胜争奇，然求其中西粹美，雅俗咸宜者实寥寥无几焉。敝店有见于此，不惜巨资，就奥界满春楼旧址，大加修饰，特行扩张，广招名手，专做英法大菜，并备寓客房间，床帐陈设，雅洁无伦，既几净而窗明，更神怡而心旷。楼下设有新式球案，风晨月夕可随意流连。他如各国洋酒、罐头食物并干鲜果品、十（什）锦点心等，无不应有尽有。”[②]清末，沪上西餐馆林立，尤其是四马路一带更是国人开办的西餐馆之聚集地，有一品香、一枝香、海天村、富贵春、万家春、一家春、三台阁等多家，此外还有湖北路的金谷香。在这些西餐馆中，“每至夕阳徐下，电火初明，即有宴客其间，广致名花，征歌侑酒者”[③]。“外国菜馆为西人宴会之所，开设外虹口等处，抛球打牌皆可随意为之。大餐必集数人，先期预定，每人洋银

① 群尚洋习 [N]. 天津：大公报，1903-08-10.

② 消息 [N]. 天津：大公报，1910-10-08.

③ 唐艳香，褚晓琦．近代上海饭店与菜场 [M]. 上海：上海辞书出版社，2008：189.

三枚。便食随时，不拘人数，每人洋银一枚。酒价皆另给。大餐食品多取专味，以烧羊肉、各色点心为佳，华人间亦往食焉。”[①]1910年，上海德大西菜社再次开张，这是较早为洋人也为华人服务的德式餐馆。

图 6-1　民国时人们吃西餐

最初，吃西菜是上层社会的时髦，被当作阔绰和排场的表现，西菜馆红极一时，主要是达官贵人、名媛淑女、纨绔少年等异味争尝，津津乐道，引为时髦。随着西方文化和生活方式对中上阶层人士，特别是工商界、知识界以及纨绔舞女辈的潜默熏陶日益加深，对异国风味的品尝已不仅仅是一种热闹浅薄的时髦。其他食品如西式糖果糕点等也迅速为国人所接受。白脱水果蛋糕、奶油泡夫、杏仁饼干、胡桃片等也如此。啤酒、香槟、汽水等洋饮品也传入中国，而中国的一些传统食品也要按照西法进行改良。如月饼就被按照西法改良炮制了一通。天津广吉祥号为这种经过改良后口味、外形俱佳的中秋月饼大做广告。“本号不惜工本，置有外国机器，聘请旁通泰西化学

① 唐艳香，褚晓琦．近代上海饭店与菜场 [M]. 上海：上海辞书出版社，2008：189.

饼师，选买上等洋面，精制各式面包、饼食、咸甜疏打、罐头、饼干，已蒙远近贵客光临……今再改良，以西式饼之材料制造中秋月饼，不独适口，而且花样新奇，至于一切人物、花草，均用外国糖浆推凸，玲珑异常，食之既见爽心，观之更觉悦目。”[①] 从广告中可见，当时的美食不仅仅为了爽口，还为赏心悦目。

1912 年 8 月 9 日，《晨报副刊》报道，在北京一次有关中西餐的民意测验表示，爱吃西餐和兼食中西餐的人数占调查总数的 23%，几近四分之一。西餐被国人接受的速度不可谓不快。

第五节　其他饮食与休闲

中国人对食物的追求绝不仅限于一日三餐，笔者想从食品分类目录上寻找丰富近代国人休闲生活的那些复杂的味道究竟属于什么，却发现无论怎么归类，都不合适，如若称为“副食品”，则餐桌上的七荤八素就占了大半。想来，只能从中找出最通俗的零食、酒水和烟草这三类来回顾近代百年的国人是如何通过它们来打发闲暇时光的。

一、零　食

零食是人们除正餐外，在闲暇、休息时所吃的食品，整

① 广告 [N]. 天津：大公报，1906-09-09.

体可以分为谷物休闲食品、糖果巧克力、坚果炒货、休闲豆制品、休闲素食蔬果、肉干肉脯、果冻、果脯蜜饯、西式甜点等大类。21世纪的中国，零食被称作休闲食品。在包容开放的世界经济驱动下，人们可以品尝到来自世界各地的零食，加上食品工业的飞速发展，现代食品制作工艺决定了零食市场的多样性。但在近代中国，零食品种虽不如现代丰富，但依然在人们的休闲生活中扮演了重要角色。

先看坚果炒货中的代表——瓜子。清末时期，“瓜子，岁获约一万五千余斤，除土人用营销潦河口汉口无大宗”。可见，瓜子的消费较大。清末，来华的法国传教士古伯察忍不住打趣道：“我觉得自己像来到了一个啮齿动物王国，这里的很多中国人，他们降生到人间似乎只是为了嗑瓜子的。”清朝最后一个太后隆裕太后，每天入寝宫前都要吃瓜子，不吃睡不着。由于瓜子吃得太多，她的胃还出了毛病，而食欲大减。我国现代著名文学家、散文家丰子恺先生曾用短片散文描述吃瓜子：“我必须注意选择，选那较大、较厚，而形状平整的瓜子，放进口里，用臼齿‘格’地一咬，再吐出来，用手指去剥。幸而咬得恰好，两瓣瓜子壳各向两旁扩张而破裂，瓜仁没有咬碎，剥起来就较为省力。若用力不得其法，两瓣瓜子壳和瓜仁叠在一起而折断了，吐出来的时候我就担忧。那瓜子已纵断为两半，两半瓣的瓜仁紧紧地装塞在两半瓣的瓜子壳中，好像日本版的洋装书，套在很紧的厚纸函中，不容易取它出来。”丰子恺先生的生动描述不禁让人脑补了吃瓜子的种种细节，这真是令人大脑放空、手口不闲的佳品。

蜜饯果脯也是值得一提的零食。蜜饯是以果蔬为原料，运用糖、蜂蜜、食盐等调味料进行加工的休闲食品，在我国已有2000多年的历史。晚清时期，慈禧太后因肠胃不好，不宜多食水果，因此，蜜饯就成了她经常食用的零食之一。当然，蜜饯也是各省进贡的贡品之一。在1915年的巴拿马万国博览会上，北京聚顺和果脯店生产的蜜饯荣获了金奖，民国初年的中国在蜜饯生产工艺上已达到国际领先水准。唐鲁孙先生曾在书中写道："早些年南方朋友到北平办事或观光，离开北平前，总要带点北平的特产土产回去送送亲友……如果想买点可口零食，十之八九要到干果子铺买几样果脯，用匣子装好，带回家乡送人，那是最受欢迎的北平土产了。"①

近代史上，中国零食发展的巨变源于西方。影响中国餐饮格局的是西餐，而影响中国食品加工业的必须是西洋的零食了。鸦片战争以后，西方食品及其制作工艺大量传入中国。早在咸丰年间，上海英商老德记药房就开始贩卖冰淇淋和汽水了。1874年，英国怡和洋行在汕头创建了糖厂来制作蔗糖。传入中国的西式糖果主要有：纽结糖、太妃糖、方登糖和巧克力等。西式糕点主要有：面包、糖饼、吐司、饼干等。民国初年，为了促进对外贸易，政府鼓励发展西洋产业，于是西式糖果、糕点业迅速发展起来。为了向消费者推销这些零食，厂家开始借助传媒来打广告。上海冠生园食品厂在《大公报》上连

① 唐鲁孙．中国吃[M]．桂林：广西师范大学出版社，2013：89.

续登载广告，广告的大标题很夺目——“谈情之始”，广告内容也很有意思：

你要同你的意中人谈情，那么，你必须置备冠生园新出的薄荷奶糖，带在身边，预备在谈话的时候彼此吃些，那么，你们的谈兴不但可以转浓，而且口气接触，香喷喷地格外甜蜜了。[①]

这些西洋零食并不是普通百姓消费得起的，购买它们的主要是些官商太太。徐志摩的第二任妻子陆小曼就酷爱零食，只要她有想吃的，徐志摩就想尽办法去买，陆小曼虽只吃半餐饭，但零食却从不离手。

二、烟　酒

烟草原产于美洲，原因是劳作中的人们无意中咀嚼了一片罂粟叶而从疲惫的身躯中瞬间解脱，而后，其便被发展成一种嗜好和习俗。明朝时期，烟草从菲律宾（古称吕宋）传入中国，吸食烟草之人感知这一味草可以“辟瘴气”，御潮、御寒、防病，还能让人上瘾，于是烟草迅速在民间流行起来。明清时期，人们所吸的主要是旱烟和水烟。鸦片战争后，西方国家把先进的烟草制作工艺带到中国，自此，中国打开了纸烟时代。近代史上，中国吸烟人群中，女性比例不少，主要分布在与洋人交往甚密的北平、天津和南方沿海几座较为开放的城市。另外女性吸烟较为寻常的地区在东北，以吸旱烟居多。

吉省产烟叶极富，性辛烈，吸时喉管受刺激，痰唾分泌顿

① 唐鲁孙．中国吃 [M]. 桂林：广西师范大学出版社，2013：102-103.

增，妇女酷嗜之。街市间姗姗而来者，均手携烟袋，且行且吸。(妇女足镶鞋，底层三寸许，着衫及踝。而两端无衣叉，顶盘高髻。唯手握三尺烟筒，频频吸之，嘘气成云，顾盼豪迈。)[1]

中国吸烟人口日益增多，官商和外商见状迅速在中国开办烟厂，并在各大报纸杂志、电影、街头，还有包装上刊登广告。1902 年，袁世凯任直隶总督后，提出“振兴商政、扩大实业”的政策。为了抵制洋货，他向光绪帝和慈禧太后进谏，提出在保定农务局开办卷烟厂，开创了中国官办烟厂的先河。而英国人则于同一年在上海创办了英美烟公司，以其雄厚的资本和高超的经营技术垄断中国烟业市场长达 47 年。而后在 1905 年，华侨兄弟简照南和简玉阶创办了中国近代史上赫赫有名的南洋兄弟烟草公司，试图与英美烟公司抗衡。两家大厂相互竞争近 30 年，最终南洋兄弟烟草公司因出现内部问题而被宋子文控制后以失败告终。20 世纪 40 年代，《申报》上刊登得最多的“美丽牌”香烟广告，广告图案中频繁出现时髦女郎手夹香烟或坐或倚或单脚站立的形象。这也是继 1919 年五四运动后，女权主义在商业环境中的一次叫板。

曹操的《短歌行》中有这样一句：“何以解忧，唯有杜康。”无论是战场枭雄，还是文人墨客，酒对中国人来说，不仅是一种古老的饮料，还是不可或缺的精神食粮。《本草备要》记载：“少饮则和血运气，壮神御寒，遣兴消愁，辞邪逐秽，暖内脏，

---

① 胡朴安 . 中华全国风俗志（下篇卷四）[M]. 上海：上海科学技术文献出版社，2008：104.

行药势。过量饮酒则伤神耗血，损胃烁精，动火生痰，发怒助欲，至生湿热诸病。”抛开酒对身体的利弊，无论是“明月几时有，把酒问青天”，抑或是“劝君更尽一杯酒，西出阳关无故人”，酒对中国人的精神世界带来的刺激作用是不可忽视的。20世纪的中国，酿酒技术发展到了巅峰。1915年，在巴拿马国际博览会上，茅台酒、杏花村汾酒、泸州老窖特曲等7种国产酒均获得了金质奖。

随着洋酒的加入，中国市场上的酒品种类趋于多样化。民间饮酒成风，各种酒类消费场所和酒类作坊层出不穷。在北京，有大小规格的酒肆，大的叫酒缸，小的叫酒铺。民国年间，在北京一提崇文门外的“小鱼王”，爱喝酒的人全知道。小鱼王是弟兄两个，都是茶房出身，擅做炸花生仁、玫瑰枣、炸排叉、香椿豆、五香豆腐干和小酥鱼等酒菜。特别是小酥鱼最具特色，深受酒客的欢迎，因此人称“小鱼王”。他们的小酒铺总是酒客满堂，生意兴隆。很多人都是喜吃那咸、甜、酸、酥的小鱼而来此喝酒的。[①] 民国时期，饮酒的场所极为多样化，除了传统的饭店、酒楼、酒肆外，另有酒吧、舞厅和饮冰室等。西式的经营理念和消费方式促进了这一时期酒水的销售，也带动了新型服务业的发展。酒店的女招待、酒吧的调酒师、舞厅的歌星和舞星都成了灯红酒绿下收入可观的职业。这种服务体验对社会底层的人民是可望而不可即的，但是劳苦大众可以在街头找到摆酒摊儿和挑挑儿的酒贩子，即使是乞丐，

---

① 王永斌．杂谈老北京 [M]. 北京：中国城市出版社，1996：161.

也能买一杯醉。20 世纪二三十年代，南京的所谓“下九流”如车夫、乞丐、捡破烂的、修锅补碗之类，多聚居在高井街一带，据说有上千户人家。他们也吃也喝也赌，和富人的区别只在于方式。他们喝酒的方式是：一包花生米或一块臭鱼，几个铜子的一碗烧酒，仰脖一饮而尽。醉后便四处找碴儿打架，弄个头破血流方休。①

三、鸦　片

鸦片战争开始后，全国出现了反侵略反对鸦片的浪潮，但是吸食鸦片这种畸形的休闲方式依然存在。鸦片继续销售，吸食者不断增加，畸形地迷恋鸦片成为时人的一种风气：“鸦片烟之流毒中国久矣，上自士夫，下及负贩，几至无人不染指焉。”②

鸦片首先在租借地内繁荣。19 世纪 20 年代初，上海法租界有规模较大的烟土行 12 家，中小烟土店 40 家，规模较小的烟馆“多到难以计算”。19 世纪 70 年代以后，洋泾浜的繁华已雄冠上海滩，烟馆更是遍地开花，例如同治十一年（1872），洋泾浜仅有花烟馆四五间，次年便迅猛地发展到一百余间，花烟馆老板大量用女堂官、女侍：“开馆之流，固藉色以销其烟，而吸烟之辈，则又借烟以渔其色”。那些吸食者未必皆有瘾，只是挥霍一二百钱亦足以调戏女色而不顾体面，“以致无贵无

① 刘仰东 . 去趟民国：1912—1949 年间的私人生活 [M]. 北京：生活 · 读书 · 新知三联书店，2012：42.

② 葛元煦等 . 上海滩与上海人 · 沪游杂记 · 淞南梦影录 · 沪游梦影 [M]. 上海：上海古籍出版社，1989：95.

贱，若老若幼，争趋如骛”，出现一片畸形的休闲景象。“上海烟馆甲于天下，铺设雅洁，茗碗、灯盘无不精巧。眠云阁其最著也，窗牖挂落，雕镂极工。他如南诚信、北诚信以轩敞胜，醉乐居、永恒昌以酒肴两便胜。馆内桌椅多用红木镶嵌石面，飞去青蚨一二百片，既可邀朋，又能过瘾。午夜两市，竟同潮汐依时而来，人气烟香，迷蒙似雾，无烟霞癖者恐不能消受片时也。”[①]19 世纪 80 年代初，天津盛行各种卷烟及洋式饰品，连“洋人之侍童马夫辈，率多短衫窄袴，头戴小草帽，口衔烟卷，时辰表练，特挂胸前，顾影自怜，惟恐不肖”，“一段洋烟插口斜，墨品眼镜避尘沙”，以此为美。天津烟馆多在日租界和法租界，此地毗连华界，而又人口稠密，烟膏生意兴隆。尤以日租界旭街北烟馆最多。有专为有身份之人而开设的烟馆，也有为社会下层开放的烟馆，很多烟馆雇用下等妓女或私娼招待烟客，染上鸦片烟瘾的有男女老少、各行各业的人。这种情况直至 1949 年前依然十分严重。烟馆大畅其道，去烟馆被视为下馆子吃饭喝酒般平常，甚至其内布置有字画装饰：

烟间本为藏垢纳污之所，雅者固不屑道，而沪上烟间之佳尤过茶室。吸烟者之意不在烟，犹饮茶者之意不在茶也。雕琢镂刻，穷极精工。……入其中者，画栋雕梁，枕榻几案、灯盘茗碗，无不华丽精工。而复庭设中外之芳菲，室列名人之书画。夏则遍张风幔，不知火伞之当空；冬则遍设火筒，不知冰

① 葛元煦等．上海滩与上海人・沪游杂记・淞南梦影录・沪游梦影 [M]. 上海：上海古籍出版社，1989：96.

霜之著地。每一榻中各嵌大镜一面，夜则电灯初上，以镜照镜，以灯映灯，镜镜相临，灯灯相映，几如入琉璃世界、珠宝乾坤，令人目闪心炫。①

以上文字很难与吸食大烟联系到一起，可见迷恋大烟是当时的一种休闲方式，而并非都被视为劣习，甚至吸食大烟也可附庸风雅。甚至有的地方用鸦片待客，就像给客人沏茶递纸烟一样，成为一种起码的礼节。特别是富人们把抽大烟当作消遣解闷的一种手段、寻欢作乐的一种方式，就像山珍海味、娇妻美妾一样不可缺少。烟土很讲究质量，所用烟具非常考究，吸烟环境也非常讲究。

当香烟出现后，甚至女性吸烟也成为一种时髦。《申报》1912年6月20日载《钝根游戏画》，刻画了妓女吞云吐雾的样子。6月22日的《申报》也指出：

迩来妓界出现一种流行品曰纸烟。樱桃小口，横插一根吞吐，烟熏火灼，妙舌香喉，不怕燥裂耶……②

实际上，吸烟早已经在一些时髦妇女中出现了，这种风气直到20世纪二三十年代达到高潮，这一习俗是一种无聊的消遣，也与追求时髦、盲目模仿的不健康心态有关。

① 瑞安市地方志办公室编．池志澂诗文书法集[M]. 北京：中国文史出版社，2008.

② 钝根游戏画[N]. 上海：申报，1912-06-22.

第七章　旅行与休闲

1840—1949年间，中国外患不息、内乱扰攘，积贫积弱。休闲对于困苦的大多数国人来说已然是奢侈，外出旅行休闲更是小部分群体才有机会消受。有研究者甚至认为，“半殖民地半封建社会的旧中国不可能产生现代意义上的旅游”。不过，因我国知识阶层素有“读万卷书，行万里路”的知行观念，在国门洞开、城市市民阶层出现新的时辰表链社会背景下，为公为私的近现代休闲旅行络绎于途也是事实。旅行者的踪迹不只遍布国内城乡山泽，还逐渐走向五洲四洋，形成新的旅游观念，并且直接催生了我国近代旅游服务业态。

第一节　广泛的游踪

近代中国的衰弱是由主动闭关锁国而起。在西方坚船利炮的催逼之下而被迫开启门户后，国人的旅行不只将前人曾经走过的路径一一重新走过，前人发愿“欲为昆仑海外之游”（《徐霞客游记》）也有了实践的机会。当然，不管是国内的游览，还是海外的寻奇，寻常百姓并不会有很多这样的机会，能够遂行旅游活动的群体也具有一些典型的特征。

一、休闲旅行的参与者

以马斯洛（Maslow）的需求层次理论来看，休闲旅行自然要居于生理和安全层次以上，是更高层次的需求，超脱于一般生存需要之上。因此，中国古代的休闲旅行参与者往往具有一定的社会经济地位。他们熟读传统文化典籍之余，游览祖国的名山大川。纵心于园林泉壑之间对他们来说是游乐，更是在陶冶性情、增进见识，对于其人格完善、立身行事大有益处。与此同时，这些政治文化精英的旅行是对山川之美的重要发现，是文艺创作的重要灵感来源，还在客观上促进了旅游活动在更广阔领域中的开展，它们是近现代休闲旅行活动的重要构成。

近代被迫打开国门以后，出境旅行较为引人注目，其中有游学欧美东洋的容闳、王韬等人，亦有出使为宦的黄遵宪、何如璋等辈，他们不只开眼望向世界，亲自见证巴黎公社、明治维新等世界历史，还著书启蒙，普及近现代学术知识、域外见闻；不只拓宽国人眼界，还启迪国人智慧。康有为、梁启超乃至孙中山的海外游历不只提升自身修为，还成为变法革命、改造旧河山的思想源泉。

当山水之美与文学家相逢，便会催生许多激发审美体验、引人前往观览的名篇佳作。梅雨潭是温州仙岩的名胜，历代文士吟咏不绝。南朝永嘉太守谢灵运便曾“蹑屐梅潭上”，南宋永嘉学派的奠基人陈傅良来时，亦曾留下“我家仙岩人迹稀，客从何来此何时”(《次德修仙岩韵》)的佳句，并且欲“结庐作对吾何敢，聊向樵渔寄此身”(《题仙岩梅雨潭》)。这些都是梅雨潭景致宜人，宜于隐栖之证，而它的闻名天下终究要算是现代散文大家朱自清的功劳：

那醉人的绿呀！我若能裁你以为带，我将赠给那轻盈的舞女；她必能临风飘举了。我若能挹你以为眼，我将赠给那善歌的盲妹；她必明眸善睐了。我舍不得你；我怎舍得你呢？我用手拍着你，抚摩着你，如同一个十二三岁的小姑娘。我又掬你入口，便是吻着她了。我送你一个名字，我从此叫你“女儿绿”，好么？

近百年前的1924年，朱自清遍游温州胜景，其著名散文《绿》，使梅雨潭声名远播，可谓家喻户晓。文因景生，景由文传，当我们现在前往梅雨潭侧畔半山腰的自清亭时，不难体会这段文化和旅游胜迹相互辉映的佳话。

更值得称道的是，朱自清的佳作并非孤篇绝响，其本人和同时名家多有佳作与旅行相关。如老舍写作《青蓉略记》可以作为“青城天下幽”的现代注解；周瘦鹃《绿水青山两相映带的富春江》则是船游富春江的极好向导；弘一法师与弟子两度同游庐山所制的《春游曲》则颇有孔门“风乎舞雩”的遗意：

春风吹面薄于纱，春人装束淡于画。游春人在画中行，万花飞舞春人下。梨花淡白菜花黄，柳花委地芥花香。莺啼陌上人归去，花外疏钟送夕阳。

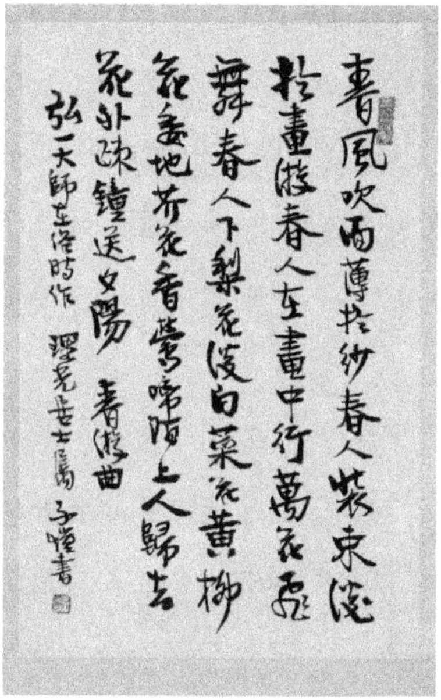

图 7-1　丰子恺手书弘一法师《春游曲》

以上是文学家参与旅行的例证，其他领域的艺术家热衷旅行的实例也颇众，无须一一列举。近现代更加值得我们去关注的是，随着现代旅行服务业态的产生和发展成熟，休闲旅行活动的参与面不断扩大。广大市民阶层，男女老幼皆可参与其中。

根据学者王淑良的考证，传统上提倡幽居深闺的中国女性在 1900 年前，已有金雅妹、何金英、康爱德、石美玉等数位游学美国，梁氏随夫君郭嵩焘大使游历英法，以及浙江萧山人钱单士厘遍历日本、朝鲜、俄罗斯、意大利、荷兰多国等数例[①]，可谓开一时风气。其中，康爱德游学美国，完成大学学

① 王淑良 . 中国旅游史（下册）[M]. 北京：旅游教育出版社，1999：154-162.

业，时间与容闳相仿，而事迹见载于梁启超相关论述。钱单士厘则不仅有游览海外诸国的经验，还著有《癸卯旅行记》《归潜记》等记述相关行程与感想。其夫所撰《癸卯旅行记》题记云：

右日记三卷，为予妻单士厘所撰。以三万数千言，记二万数千里之行程，得中国妇女所未曾有。方今女学渐萌，女智渐开，必有乐于读此者。

20世纪初期，“女学渐萌，女智渐开”，该书和其记载的经历意义并非仅仅使人乐于阅读该书，还为广大女性做出了示范，为女性打开旅行的束缚做出了巨大贡献。民国时期的旅游活动中，在校大学生是一大生力军。据《旅行杂志》记载，女性师生参与的旅游活动已然是寻常之事。如黄聿霖在《到百灵庙去》中写道：“像这样大规模地到蒙古参观还是第一次，因为据我知道的私人团体方面，从前仅有燕大的冰心女士等十余人到过这里一次。”①这便是女作家冰心参与旅游的记载，而吴人所撰《今日之张家口》提及顾颉刚和刘崇鋐所参与的张垣旅行团中，同行还有五十几位男女同学②。由此可见，近现代的休闲旅行活动见证了我国的女性解放。

民国时期的《旅行杂志》受众广泛，是旅游者交流旅游体验的重要平台。当代研究者对1927年至1936年间在该杂志发表游记的旅游者进行了统计和整理，勾画了该时期旅游者的

① 黄聿霖．到百灵庙去（第九卷第六号）[J]. 旅行杂志，1935：13–25.
② 吴人．今日之张家口（第十卷第十二号）[J]. 旅行杂志，1936：35–38.

身份特征[①]。统计的结果表明，从职业类型来看，进行旅游活动的人员主要包括：①大学教授、中小学教师与在校大学生；②报社编辑、记者；③政府官员与公务人员；④工商、金融、实业界企业家及从业者等。这些旅游者或求学于传统书院学堂，或受过新式教育，往往具有高等教育学历，旅游的出发地则集中于江浙、京津地区较大城市。《旅行杂志》由中国近代第一家旅行社创办，自然不能涵盖其时旅游活动开展的全貌，其作者的身份信息表明，尽管现代的旅游活动对于在广大为温饱和生存努力的国民来说尚嫌奢侈，但是其确实成为很多城市居民愿意并且能够参与的休闲活动。

二、国内游踪

国内旅行的状况不会因政权的更迭而有显著的变化，而是会随着社会经济的发展、交通与服务能力的提升以及景区建设进步等产生不同的样貌。

近代西方列强的入侵是我国社会经济发展的重要变量，它使得传统封闭的经济社会被列强长驱直入，对中国的资源予取予夺。客观上，他们的集聚也使东南沿海城市快速发展，外国人和受其影响的上层市民也形成对旅游的需求。1912 年以后，这种需求的不断提升也直接促进了旅游交通、住宿、景区等业态的发展，并且直接催生了我国的旅行社行业。

① 周博．民国新知识群体的国内旅行研究 [C]. 东北师范大学博士论文，2019：133.

中国旅行社，其业务的开展可以呈现当时国内旅游游踪的基本特征。选取该社创办的《旅行杂志》1927年至1936年所刊载的游记进行统计分析[①]，可以看出当时国内旅游的时空分布具有典型的特征：

首先，上海市、南京市、浙江省与江苏省辖区范围内是当时国内旅游的中心区。上海与南京是当时的两个特别市，前者更是国际大都市之一，无论是交通、经济，还是文化娱乐，皆是一时翘楚。它们与邻近的江苏省、浙江省，一方面是重要客源地；另一方面，区域范围内的旅游名胜区也极为丰富，宜于组织开展休闲旅行活动。所以我们看到，中国旅行社初期在上海本埠之外设立的分社，除了北平、天津、汉口等国内重要城市，半数是在江浙两省。各处景点也是以杭州、苏州、无锡游人最多。

其次，“安徽省、江西省、广东省、四川省、河南省、山东省、陕西省、福建省、广西省、山西省、湖北省、河北省、湖南省，北平市、天津市、青岛市以及威海卫行政区，共包括十三个省、三个特别市及一个行政区”[②]可称为扩散区。以上各个区域游踪集中度不够高，而游记数量在10～30篇之间。

最后为边疆区，“包括辽宁、吉林、黑龙江、察哈尔、绥

① 周博．民国新知识群体的国内旅行研究[C]．东北师范大学博士论文，2019：133.

② 周博．民国新知识群体的国内旅行研究[C]．东北师范大学博士论文，2019：133.

远、云南、新疆、甘肃、青海、热河等十个省以及海南岛"[①]。此类区域具有比较特别的旅游资源，而旅游热度不够，游记数量在 1 ~ 5 篇之间。

旅游区域的热度自然与旅游资源的价值有重大关联，而旅游交通和旅游住宿等接待服务品质亦会对休闲旅行活动的开展产生重大影响。事实上，国内休闲旅行在现代的发展与国内铁路、公路、航空以及轮船等交通基础设施和业态的发展呈正相关。正是随着交通等业态的发展，旅游活动才不断向内地以及边远地区发展。

1937 年以后，日本全面侵华，国内的游踪便有所限缩，大后方的西南与西北此际也因此得到更多的开发和关注。及至 1945 年日本战败投降，内地人前往被其占据已久的东北三省与台湾络绎不绝，中国旅行社在这些地方开设招待所以及分社以帮助旅行活动展开，只是不久之后，战事又起，东北的沈阳分社与三个招待所又被关闭。

三、出境旅行

(一) 近代的出境旅行

单纯以休闲为目的的近代旅行活动已经有所开展，只是尚未蔚为风潮。现有文献资料中所记载的近代出境旅行多与学

① 周博．民国新知识群体的国内旅行研究 [C]. 东北师范大学博士论文，2019：133.

业、职事等相关。而在职事之余，旅行者对当地风光景致、风俗民情等亦不能不有所体验，他们的足迹便是在近代就已遍及世界各地。

1. 国外留学

自第一次鸦片战争我国被迫打开国门，容闳当属近代中国赴美留学第一人。容闳，本名达萌，号纯甫，学名闳，广东省广州府香山县南屏村（今珠海市南屏镇）人。1835年经父亲朋友介绍，跟随德籍传教士夫人在澳门学习，后于1847年跟随勃朗牧师前往美国留学。容闳于1850年考入耶鲁学院，是该校首位中国学生。容闳学成即归国，清朝后期，太平天国运动、洋务运动乃至辛亥革命等重要历史事件中皆可以见到他的身影。而他对于中西交往影响较大的是幼童留美计划。1872年，容闳在曾国藩、李鸿章等权臣的支持下选拔第一批学童留学美国。到民国初年，留学生已数以千计。

国人赴欧洲留学始于黄宽。容闳赴美留学时跟随的是校长勃朗牧师，而勃朗携往美国读书的学童共有三人，黄宽亦是其中之一。只是1847年抵美以后，他又于1849年转读于苏格兰爱丁堡大学，也因此成为在英国大学获得西医医学博士学位的第一人。此后，何启与吴廷芳亦步黄宽后尘，分别于1872年、1874年自费留学英国，后者在1896年以后还担任中国驻多国公使，游历半个地球。在此之后，清廷于1876年派遣包括严复、马建忠等人在内的第一批公派欧洲留学生，此后，欧洲主要强国中都留下了中国人的足迹。1896年甲午战争后，清廷开始派遣学生赴日留学，此后的数十年中，旅日留学之人颇多，总计数万。

2. 工作游历

容闳的早岁经历和美国留学的一些见闻被其写入 1909 年出版在美国的英文自传《西学东渐记》当中，因此国内影响比较有限。最初记述美国见闻并引起较大影响的是写成于道光二十九年（1849）四月、同治六年（1867）付梓的《西海纪游草》。

该书作者是福建闽县人林鍼。林鍼，字景周，他先是在中国近代开放口岸之一厦门为洋商做翻译和教授中文的工作，受邀于 1847 年至 1849 年赴美工作，《西海纪游草》正是记录了这一段出游美国的经历。

宫阙嵯峨现，桅樯错杂随。激波掀火舶，载货运牲骑。巧驿传千里，公私刻共和。

百丈之楼台重叠，铁石参差（以石为瓦，各家兼竖铁支，自地至屋顶，以防电患）；万家之亭榭嵯峨，桅樯错杂（学校、行店以及舟车，浩瀚而齐整）。舻舳出洋入口，引水掀轮（货物出口无饷，而入税甚重。以火烟舟引水，时行百里）；街衢运货行装，拖车驭马（无肩挑背负之役）……①

这段话并不是什么优美异常的佳作，以传统文笔刻画西洋样貌原本比较不易，诸如轮船、高楼大厦等甚至需要进行注解以便阅读的人理解。作者的观察也不可谓不仔细，甚至注意

① 郑焱 . 中国旅游发展史 [M]. 长沙：湖南教育出版社，2000：302.

到了避雷针和进出口关税。但其中所记述的内容已然可以让读者惊骇。所以其时镇闽将军英桂等人对林鍼的壮游激赏不已，认为传统史籍中的人物已然不能与之相比。如该书周揆源序写道：

汉代自张骞寻河源，泛斗牛，始达西域。唐玄奘、元耶律楚材衔命西游，后此鲜有继者。然张骞未睹昆仑，玄奘、耶律楚材仅至西番；唯我朝徐霞客，以书生遍游名山大川，出玉门关数千里，至昆仑，穷星宿海，去中夏三万四千三百里，可谓游之壮者。今林君景周，由闽挂帆九万余里，行抵绝域，详悉各国风土人情，了如指掌。是霞客而后，游之远而且壮者，莫景周若也。……视霞客游历之程仅三万余里者，则有其过之。[①]

在周氏看来，国内历史上重要的旅游者成就皆不及林氏。单从行程里程上看，不无道理，而这也从侧面显示出发展水平远高出近代中国的美利坚给国人带来的震撼。

1876年，美国建国已逾百年。宁波海关的工作人员李圭得到了一次环球旅行的机会。该年，美国在费城举办世界博览会作为纪念，李圭正是作为中国工商界代表前往美国游历，在其后写成的《环游地球新录》中，记载了他前往费城参会，游览华盛顿、纽约等地以及其后前往巴黎、伦敦等处的见闻。较为引人注目的是其对费城博览会的描写：

遍插各国旗帜，五彩夺目。屋长一千八百八十尺，宽四百六十四尺，悉以精铁为梁柱，巨块玻璃为墙壁，高敞

① 郑焱．中国旅游发展史 [M]. 长沙：湖南教育出版社，2000：303.

洁净，表里洞明。上起层楼杰阁十二座，居中四座，各高一百三十五尺。登临一览，各国之物，了然若指上螺纹。院内东西走道七，南北走道十有五，地面平铺木板。凿水池数处，或圆，或方，或八角，各尽其妙。中立铜柱，起重台，设机管。水由柱端泻入池，若喷珠溅雪，沁人心脾。走道空处多设长椅，休息游人。南北两门内设饭馆四处，可就近饮食。会院之大，斯为第一。

所列之物，生成者为各种矿块、珠玉宝石、草木药料、男女骸骨、鸟兽虫鱼之质，以及海底各物，无所不有。人工所成者：古玩、五金器、石器、瓷器、木器、雕刻像、书画、图籍、呢、羽、丝、布，下至草履、竹筐，亦无所不有。某国之物，即用其国式样之屋宇、亭台、橱柜，分类排列，齐整可观。各有公事房，为就近办公之所……

描写博览会样貌，罗列细致，不厌其烦，颇用《子虚》《上林》铺排的写法，虽文采不足，但写实过之。同样显示了作者来到发达国家时所受的震惊。

3. 文化交流

1867年，改良派思想家、政论家，同时也是新闻记者的王韬收到香港英华书院院长理雅各协助翻译中文典籍的邀请，开始了他的欧游之旅。根据他日后所撰的《漫游随录》记载，其对旅游的兴趣自幼年便已萌生，常年在英国传教士开办的墨海书局协助进行《圣经》、自然科学书籍汉译的工作也使其有机会接触西方文化，对欧洲旅行极为神往。而这一段历时三年的欧洲之旅也确实不负所望，登上行程的首站法国，王韬就为当地的富庶和现代化所倾倒，认为与中国“几若别一世宙”。他记录下来的欧洲行程确实有很多先进而远胜近代中国之处，这也是开眼望世界的意义所在。如其记载马赛的繁华，“环游市廛一周，觉货物殷阗，人民众庶，商贾骈蕃”；体验火车等现代化工具，“计程一千八百余里，为时不过七八，轮车之迅捷，真如飚飞电迈矣”；参观巴黎万国博览会，认为“凡所胪陈，均非凡近耳目所逮，洵可谓天下之大观矣”。值得关注的是，在王韬的游记中数次提及在欧洲与国人相遇的情形，如在巴黎遇到说宁波话的国人、在伦敦遇到福建人等，这些记载表明，在留存下来的文字线索之外，国人远渡重洋的实情要丰富得多。

图 7-2　王韬（1828—1897）

王韬获邀旅欧，很重要的原因是其在中西文化交流上所发挥的重要作用，并且能够在西方翻译中国经典等事务上提供必要协助。在其欧洲行程中，还曾受牛津大学校长邀请进行演讲，这也是中国人在牛津大学的第一次演讲。所以这一次旅行不只是增广见闻之旅，也是文化交流之旅。

王韬自欧陆返国之后，亦曾于1879年受邀访问日本。王韬因写作《普法战纪》和发表在《循环日报》上的变法维新政论，赴日之后，大受正图维新的当地人的欢迎。旅日费时四月，考察了东京、大阪、神户、横滨等地，因此有机会较为深入地体验到日本的风俗民情以及山川风貌。后以此经历写成《扶桑游记》，记录颇为详备，如其记载剧场开放的情形：

日人演剧，自辰开场而至亥正，竟日之功，继之以夜。每一出终，则下幔略停刻许。观剧座位殊密，几无隙地；从高视之，方纵横，如画井田。至夕亦燃煤气灯，火光明皎如白昼。剧场之外，左右两旁有茶屋十余家，观剧者酒食憩息，各随其意之所适，亦可招艺妓侑觞。①

4. 奉派出使

黄宽的留英与容闳的留美一样，都是因缘际会，恰好得到了一些机会，并且他们远赴欧美皆为学业，是个人行为。而更需与西方交流的清廷却少有对外主动沟通学习的动机。直到1866年才派出第一个“正式出国观光及考察”团前往欧洲考察。此团由当时清廷外籍官员、总税务司赫德推动，在团长斌

① 郑焱．中国旅游发展史[M]. 长沙：湖南教育出版社，2000：306.

椿的带领下，一行五人，历时四个多月，观光了法国、英国、比利时、荷兰、丹麦、挪威、瑞典、芬兰、俄国、普鲁士等11个欧洲国家。事后，斌椿著成《乘槎笔记》，描写初次见到强盛且科技发达的欧洲时的见闻和惊奇。团员张德彝另写有私人日记《航海述奇》，记录这段游历经过，在此次出访之后，张德彝还有7次出国游历经验，所著闻见录总计70余卷，200余万字，记载都较为详细，类似游记。他也是第一次抵达埃及金字塔旅行的中国人。

1868年，清廷向美国派出了第一个前往西方国家的外交使团，美国人蒲安臣为公使，使团中还另有总理各国事务衙门章京志刚与孙家毅二人。志刚归国后写成《初使泰西记》，记录了出使美国和后来的英法普俄等国的经历与触目所见的西方国家的各种习俗和风光。1876年，郭嵩焘成为清廷第一个驻外公使，目的地是英国，后又兼使法国，对英法美景、近代英国社会经济、文化科技记录详备。

自此以后，奉派出使的中国人渐多，他们不只代表国家与驻在国沟通协商，还争取和维护国家利益，有所见闻也往往书写游记，增广国人见闻。如黎庶昌出使西方和日本，写成《西洋杂志》等大量游记；徐建寅考察欧洲时写就《欧游杂录》，不只介绍一般见闻，还对当地的兵器工业多有详细介绍；1876年，何如璋以副使出使日本，将三年多的驻日经历写成《使东述略》，对日本明治维新的经验和维新后出现的系列新生事物进行了介绍，其对国内改革不无启发。

(二)现代的出境旅行

1912年以后，和国内的旅游活动开始活跃相对应的是，出境旅行仍旧是小部分人才有的机会。此际出境人士仍旧以留学、工作为主，不过在规模上要超出前期，并且确实出现了为了休闲、观光而出境旅行的情况。

辛亥革命之后，由于延续使用庚子赔款使用的旧例，中国赴美留学的人数增加迅速，并于1925年达到2500人的峰值。此后在抗战等时段虽在选派数量上有所控制，但始终不曾断绝。1929—1932年间，民国持续选派留学生前往欧美、日本等发达国家学习。根据统计，派往欧洲、美国的学生人数分别为1126人和1733人，而同期在日本留学人数在五六千人之多[①]。可以作为欧美留学生数额庞大的一个旁证是，当时发表在《旅行杂志》上的游记中有许多和大学相关的选题，如1929年8月期上，便有《欧洲读书一得》《德国大学情形》《美国大学生活》等数篇出自留学生之手。

留学生在学习之余，还对美国的社会、经济、文化以及自然景观等有了更深入的了解。《旅行杂志》22卷第8期曾刊载留美学生宋元濯所撰写的《初作纽约客》一文，其较为详细地介绍了自己初到纽约时对当地的风土民情、休闲生活、发达科技等诸多方面所领受到的震颤，具有一定的代表性：

---

① 阮来祥．纸上旅程：民国时期的国民旅行活动与旅行观念变迁[C].安徽大学硕士学位论文，2017.

且说纽约的外貌，俨然就是一座完全人工造成的钢铁水泥的城市……在市区内已经找不到一点自然的泥土，无怪乎纽约人想要栽花时用一点泥土，还得花高价去买，想不到一点泥土在纽约会值钱起来。

初到美国，已经觉到交通方便，全国铁路公路密如蛛网，飞机又无处不至，简直是太方便了。及至纽约，看看这都市交通网的伟大，才更教我们赞佩不止。

我迁进新居的那天，恰是礼拜六下午。周末，在美国像是多么重大的事一样，学校即无课，各人都于忙了一周之后，追寻欢乐去了。

礼拜六夜是通宵达旦，你随时可以碰见烂醉如泥的酒鬼，东倒西歪地乱晃。

赴欧洲留学的学生在学习之余，也常有对欧洲各国游历考察的举动。《旅行杂志》社长赵君豪曾采访留学欧洲的留学生褚民宜，后者便介绍过类似的经历：

在民国十三年的夏天，我在学校毕业，有一回长途旅行。这一次旅行的主体是法国 Mullhouse 中学，他们利用暑期的光阴，组织一个游历团，我和法国的同学便加入他们的团体，还有 Strasbourg 大学学生一人在内，教职员学生和我们，一共就有很多的人。我们的行程是从法国到瑞士、塞尔维亚、保加利亚、土耳其，过黑海，至罗马利（尼）亚、匈牙利、奥地利等处，再回瑞士而重返法国。简单地说一句，这一次是南欧的旅行。[①]

① 王淑良等．中国现代旅游史 [M]. 南京：东南大学出版社，2005：267.

国民政府向西方学习的热情较以往更甚，因此在广大留学生外派留学之外，还有很多党政军学外派学习的计划。国民党从1929年开始保送党员留学，每年1次，人数为20人，指定其中3人赴美。抗战后，美国也加强了和国民政府与军队的交流，1947年第4期的《旅行杂志》刊载有《中国兵逛纽约城》，其叙述了当时中国士兵在美观光浏览的经历。学者的访美始于1918年的北洋政府，当时的教育部择选男女教授派赴欧美留学。抗战后期，选派赴美较此前更为频繁。

民国时期的对外交往往往以选派人员赴外学习为主，值得关注的是，其间少见的中外文化交流盛事——梅兰芳的外访美、日、苏等国。梅兰芳的出访始于1930年1月18日，自上海赴美，受到美国华侨和政界的欢迎。《旅行杂志》当年第2期记录了当时的盛况：

> 畹华经众欢迎之余，即登台演唱，剧目为《嫦娥奔月》《青石山》及《千金一笑》三出。观者无不满意，一致赞不绝口。

其后，梅兰芳在美国纽约连演五周，观众反响热烈。后其又移师芝加哥、旧金山、洛杉矶等地演出，共计演出七十余天，成为中外文化交流史上的经典。

民国时期的休闲旅行和近代相比，得到了更大的发展，出现了真正意义上的出境旅游便是一个重要的表现，尽管在规模上尚处于起步阶段。造成较大社会影响的出境旅游基本是由中国旅行社来组织：一是自1926年起，便多次组织旅游团队赴日赏樱[①]；二是1936年，组织旅游团经两条线路前往柏林观赏奥运比赛，该团的成功运作被视为一时盛事；三是1933年开始，每年组织穆斯林赴麦加朝圣，至抗战前，参加人数较首次人数翻倍，表明市场的良好反馈。

中国旅行社组织的出境旅游是真正意义上的现代旅游业操作模式，是相对稳定发展的经济社会在休闲旅行领域中的表现。但是随着抗战的烽火遍地，现代出境旅行的良好态势也就此终结。

第二节 多样的游兴

休闲旅行的动机因人而异，有的为增广见闻，有的只是休闲消遣，也有的是为身心能够因此保持健康，也存在许多为考察民情和自然来进行旅行的。中国人素有家国情怀，在国力贫弱、动辄受人欺凌的近现代时期，很多的旅行活动也是出于对时局的关切。

一、增广见闻

不管是对山水自然风光的欣赏，还是对熟悉环境之外的历史文化的追寻和体验，增广见闻是休闲旅行最为常见的动机之一。见载于1936年第1期《旅行杂志》的《十载游骖之片段》，

① 吴经砚．陈光甫与上海银行[M]．北京：中国文史出版社，1991：199.

便是寻庐山奇峻之景后的描绘：

登绝顶蛇行下视，峰峦诡谲，不可端倪。远而望之，如叠阵，如连骑；近而视之，如窈窕淑女，如龙钟老人，如蛟螭夜舞，如骏马奔腾，如龟背，如鹤顶。更有挺立如竿者，有壁立如屏者；有拔地千仞，直下而中分者；有巉削万丈，镜平而斗绝者。要皆上凌太虚，下临无地，嵌空玲班，仪态万方，匡庐绝胜，无过于斯也。

中国自然资源丰富，可观的山水胜景无数，杭州的钱江潮便很值得一观。每年秋季，中国旅行社都会组织游人亲临现场体验。由于城际交通、餐饮美食以及旅途服务都安排妥帖，当地政府还在观潮期开通专线，为观潮建设围场，故而很受游客的欢迎，“西邦人士，且亦纷至沓来”[①]。与此相应的游记也颇多。如《旅行杂志》便有《海宁秋潮》(1929.9)、《八堡观潮记》(1931.10) 等多篇写观潮的经历。

除却观赏自然胜景能够给自己带来更广博的见闻，休闲旅行还可以使自己能与历史文化的遗迹相接触，并以此加深对历史文化的领悟。此类景观也颇为游客所喜，他们也很乐于在游乐之后抒发自己的理解和心得。发表在《旅行杂志》1933 年第 5 期上的《白马寺游记》说：

白马寺有南北二台，汉明帝时，佛法初至中国，道家言其谬妄。于是筑二台，各置道佛经，俾焚之以验真伪。道经煨烧，佛经俱存，世遂尊信。谚云“真经不怕火烧”，岂以此欤。

---

① 庄铸九 . 海宁秋潮 (第三卷第九号) [J]. 旅行杂志，1929：45.

是为作者萧梅性游览白马寺而有此认知，并且以游记来和读者交流。俗谓“百里不同风，千里不同俗”，不同地理区域、民族构成之间经常会存在不同的风俗习惯，这些文化的差异当然会有歧见的出现。这也正是休闲旅行的意义所在。在近现代的休闲旅行活动中，很多的行程正是要去体验不一样的文化习俗，一些游后的发现便发表在《旅行杂志》上，如《南归足迹》(1930.4)、《新疆人民的生活》(1932.1)、《川黔漫游录》(1934.6)、《贡嘎探险记》(1936.5)，等等。

二、休闲消遣

休闲旅行可以增长自己的见识，扩展自己的视野，这些都是实情，另一些实情是，休闲旅行可以让自己远离庸常且不乏苦闷的生活，而得到一时的放松和愉悦。以此来看，休闲消遣也是很多旅行的意义所在。

城市使生活美好，也会束缚人性，使人心生苦闷，现代中国城市居民的这些情绪很容易在当时的《旅行杂志》中发现。比如一位浙江莫干山的常客就曾经抱怨说：“市尾尘头，蜷伏经年，夙夜斤斤于铢两之间，烦嚣愁困中人欲死。”[①] 这种愁绪或许就是对生活环境的不满意，如有人声称“终日里扰扰攘攘过着都市的生活，忒腻烦了”[②]；也有人是对生活节奏太快的不

① 陈慧一 . 重游莫干山记（第二卷秋季号）[J]. 旅行杂志，1928：13–18.
② 林夙根 . 百泉记游（第六卷第十二号）[J]. 旅行杂志，1932：39–43.

满意，“……萍梗江南，卒卒鲜暇，喧嚣城市，都无好怀”[①]；一些人则是对于大上海的工作有所不满，比如一位杭州的游客便说：“吾曹平日困于笔墨，脑筋过劳，当此秋色晴明，正可往西湖盘亘数天。”[②]

久困于都市，自然要生出逃离的心，哪怕是暂时的，也会对旅行的人心生艳羡，正如当时一位希望前往陕西旅行的人的心境：“八年来，我没有离开过这烦嚣的都市，对于那些能够远足旅行的人儿，当然存着羡慕和嫉妒的心哪。”[③]而当时间充裕，手有余资，并且周边能提供周到的服务时，休闲旅行的活动便可以自然展开。尽管在近现代的中国，前述游记的作者平日里的生活已经足以让绝大多数国人羡慕，但从今天的眼光回望这些出游的动机，实在是无可批驳，因为旅行确为“无上乐事”[④]，而且当一个人具有相应的条件时，自然“宜及时而行乐”[⑤]了。

三、避暑保健

近现代的休闲旅行活动目的地中，以江浙最多，其次则是赣皖。江西的庐山是时人所乐于前往的旅游目的地。究其原因，很重要的一点是庐山自然条件适宜避暑，对于病体的康复

① 赵君豪．首都之游（第二卷冬季号）[J]. 旅行杂志，1928：3–8.
② 蒋维乔．八堡观潮记（第五卷第十号）[J]. 旅行杂志，1931：45–46.
③ 阎重楼．陕行速写（第十卷第九号）[J]. 旅行杂志，1936：53–59.
④ 杨振岳．成山记游（第八卷第八号）[J]. 旅行杂志，1934：17–22.
⑤ 张涤俗．故都屐痕（第六卷第二号）[J]. 旅行杂志，1932：25–34.

有着较好的条件。因此，自近代九江开埠，西洋人在此建构别墅度夏以后，各色人等纷纷效仿，使庐山成为夏日避暑之胜地。很多人来此休闲旅行的动机都与此相关。《庐山游记》的作者便是在此养病经年，其间常常和朋友一起游山，很有利于病情。而庐山之美也使人流连忘返，别时依依："自去岁（1929）四月二十七日来牯岭养疴，转瞬已届一载矣。病友之知我将下山者，多来送行。临别握手，不胜依依。"[①] 其余《匡庐山南游记》《记黄家坡双瀑》《牯岭心影》等发表在《旅游杂志》上的篇章所记亦皆是来此养病、保健之游。

当然，天下名山众多，河南鸡公山、福州鼓山等处亦都是其时避暑佳处，并且北戴河、青岛及普陀等海滨也都是现代避暑保健的热门去处。

四、考察研究

和增广见闻的动机不同，因考察研究而进行的旅行活动中，对其对象的认识和探究要深切而全面，且需要以科学的精神和方法来施行。所以这种考察式的旅行有时会给人一种工作而非闲暇之旅的感觉。但这两者并非迥然不同，其间也存在着不少交集，而且很多的旅行机会实由此来。古代的徐霞客，近代、现代前往境外的留学、出使等，实则亦可属考察研究式的旅行。再如中国旅行社创办人陈光甫的《游湘省公路及南岳记》就是其视察长江沿线的分行业务时所撰，但也不失为"千

① 张涤俗．故都屐痕（第六卷第二号）[J]. 旅行杂志，1932：25–34．

载一时之良机”[1]。

丁文江是中国地质调查的创始者，也是现代著名旅行家，其曾以徐霞客为榜样，且欲达其所未达，记其所未记。其于1911年开始的中国地质矿藏科考生涯中，深入边陲之地，行遍大江南北，后于1936年在湖南谭家山勘察矿藏时因煤气中毒而身亡。其在考察、勘测过程中，曾随身携带徐霞客的游记，并且为了弥补徐书有关金沙江散佚部分，亲自到云南省和四川省的交界处进行考察，写出了多篇有关金沙江的文章。

地质考察之旅以外，民国时的中央研究院、大学和其他科研院所亦多次组织各类科学考察活动。如1928年在中央研究院李四光，中山大学的顾颉刚、傅斯年等学者的支持之下，辛树帜组织广西大瑶山、大明山考察团，不只收集当地各种动植物标本，还收集当地特色服饰与风俗，成果有《正瑶舞歌》《甲子歌》《瑶山两月视察记》等多部专著，可谓丰硕。这些考察活动往往会深入边远地区，不只能够见到罕见的风景和民情，同时也对我国各类资源的储藏状况、开发与利用的潜能以及保护等方面进行了探究。以此来看，意义又不限于旅行。

五、其他旅行活动

中国人的家国情怀极为真切感人，所以前人会说“国家不幸诗人幸”，这是个人和所属的国家同呼吸、共命运的典型表

---

① 陈光甫．游湘省公路及南岳记（第七卷第七号）[J]. 旅行杂志，1933：3–38.

现。近现代中国受尽欺凌是很多国人振奋前行的重要动力，也是此际旅行活动的时代背景。

潘德明于1908年出生在浙江湖州一个裁缝家庭，在他成长的年代里，中国正处在五千年历史的一个低潮期。当他看到发表在1930年6月《申报》上的“中国青年亚细亚步行团”的宣言时，他的一腔热血瞬间被燃起：

在历史上背负了五千余年的文明和创造的中华民族，不幸到了近世，萎靡和颓废，成了青年们普遍的精神病态，我们觉得时代的精灵，已在向我们欢呼，我们毫不客气地把这个伟大的重担肩负起来，我们决定以坚毅不拔的勇敢精神，从上海出发，逐步实践我们的目的。在每一步伐中，我们要显示中华民族历史的光荣，在每一个步伐中，给社会以极深刻的印象，一直到我们预定的途程的最终点。①

这是一个荣耀的旅程，所以潘德明决意加入这个已经出发的团队，并且追赶到了杭州。当行程到越南海防市时，八人的团队中有五人因畏惧和病痛而离开。再行至清化市，另外的两个成员也因方向分歧而离开。唯一留下来的潘德明决定继续，并且最终实现了行经30多个国家与地区的环球之旅。在他的行程中，无数人为其折服，受到美国时任总统罗斯福、印度圣雄甘地等多位名人的接见。法国时任总统阿尔贝·勒布伦在接见潘德明时说：“潘德明先生，对于你的壮举，我想用法国之雄拿破仑的一句话奉送：‘中国是一个多病的、沉睡的巨人，

① http: //zqb.cyol.com/html/2012-03/23/nw.D110000zgqnb_20120323_2-12.htm.

但是当他醒来时，全世界都会震动。’”[①] 这是对一个民族和国家尊重的再次确认，源于一个中国青年的旅行壮举。

在近现代中国，潘德明是一个小人物，而正是无数这样的小人物，构成了民族自强不息的底色。从推动近现代国家发展方向的重要人物的经历来看，他们或多或少都有一些出境旅行的经历，他们的旅行同样关乎时局，而非限于一身。

近代中国的出境旅游史基本上就是出国留学、考察及出使等事务的历史，容闳、王韬、李圭等人的出游汲取了西方的先进文化，郭嵩焘、黄遵宪、何如璋等人的出使东西方亦被寄予了学习东西洋的热望，负笈求学而归的众多学子也成为变革社会的重要力量。然而时至20世纪初，维新变法的失败不只让改良的主张变得没有意义，还使得原本落后的社会制度进一步沦向深渊。当此之时，康有为、梁启超的旅居海外是欲有为，孙中山、宋教仁、黄兴等人的羁旅别国，动员革命已启曙光。这些与时局相关的旅行，包括抗战时期历时18年、行程四万五千里来宣传抗日救亡的新安旅行团等，对于中国的进步具有不可替代的意义。

第三节　旅行服务与休闲

休闲旅行活动的开展与旅游接待相关业态的产生和发展

① http: //zqb.cyol.com/html/2012-03/23/nw.D110000zgqnb_20120323_2-12.htm.

密不可分。近现代以来，正是在交通、旅行住宿以及景区等各种业态不断发展的情况下，休闲旅行活动才逐渐盛行。尤其值得一提的是，现代中国也已经诞生了专门从事旅游招徕、组织、接待等服务的旅行社，这标志着现代旅游业在我国的产生。尽管战事频起，国家发展道路曲折，给稚嫩的旅游事业带来很多的问题，但是中国旅行社还是坚强地生存了下来，并且不断成长。由其创立的《旅行杂志》集聚了很多热爱旅游的作者与读者群，对于旅游事业的发展、旅游文化的传播都产生了积极的影响。

一、旅游业态

(一) 饭店业

近代以前，我国就已有接待外国商人的服务场所设施，较为典型的代表是广州的十三行。接待国内出门旅行之人的场所，在明清则以各地会馆为主，京城会馆主要服务赴京参加科举考试或经商的乡人，可使“入都门者，藉有稽，游有业，困有归”(刘侗、于奕正《帝京景物略》)。而苏州、重庆等地的会馆则以服务同乡商人为主。集资创办经营会馆是造福乡人的义举，不过无论科举，还是经商，都是谋生或进取的正事，与游乐休闲关联不大。

鸦片战争以后，清政府和西方列强签订了《南京条约》《望厦条约》等一系列不平等条约，广州、厦门、福州、宁波、上海等成为中外通商的新口岸，列强又在国内多个城市设立租界，以此作为自己的势力范围。此后，西方列强开始引入银行、邮政、工矿企业等业态，掌控中国经济并攫取资源。近代，由外资掌控并经营的西式高档饭店正是在这一阶段开始在国内设立的，1860年在上海创办的礼查饭店是此类酒店中的第一家。外资饭店往往富丽堂皇，建筑特色鲜明，服务对象也以外国人为主。清宣统元年（1909）出版、署名为兰陵忧患生的《京华百二竹枝词》有一首说的是京城其时的六国饭店："饭店直将六国称，外人情态甚骄矜。层楼已是凌云汉，更在层楼建一层。"建筑宏伟异常，诗人吟诵却是饱含血泪，一则是因饭店称六国，而非中国；二则是所服务的对象来自异域，却情态骄矜。这对于弱国子民来说是无可奈何之事。此际针对国人的住宿接待设施往往不够理想，以北京为例，客栈不只设置在城外，交通不便，而且一个房间内只有一个能容四人的炕；服务对象也以贩夫走卒为主，并不特别服务休闲旅行者。

1912年以后，饭店业得到了长足的发展，并且出现了适用于休闲旅行人群的服务场所。以城市来分，这一阶段，饭店业发展仍以上海、杭州、南京、北平、西安等最为兴旺。投资主体较前期更为多样，外资之外，还有中资或中外合资等形式。饭店经营理念现代，特色鲜明。以杭州为例，当时功德林蔬食部、旅舍部设置在龙翔桥，注重宣传素食有益健康，"且免残害生灵，培养福田仁寿"[1]；杭州西泠饭店选址于凤林山麓，

① 王淑良．中国旅游史（下册）[M]. 北京：旅游教育出版社，2010：231.

不只环境幽雅，还可以一览西湖全景。为增进游客的舒适感，经营者除了由当时著名的家具店订做家具之外，还专门从美国购进床具；位于湖滨的杭州天然饭店则在当时最具影响力的《旅行杂志》刊登广告，宣传其交通、观景、布置、餐饮、洗浴及租车等优势。

饭店业中对于民国的休闲旅行贡献最大的当属中国旅行社所开办的饭店。中国旅行社在1927年从所属银行拆分，有感于旧式旅店不足以胜任休闲旅行的接待工作，所以决意设立新式旅馆与招待所。时任社长陈湘涛于1931年7月指导沈阳分社布置招待所，同年在徐州分社推广。次年5月，上海银行总经理陈光甫在汉口会议上决定扩大投资建设招待所。不只要在南京、西安等大城市兴建大饭店，还要在风景秀丽、交通紧要之处择要设立招待所。有学者总结中国旅行社设立招待所与饭店的基本原则是：

一、凡通都大邑，已有新式旅馆者，不再创设；

二、通都大邑无新式旅馆，且又为中外观瞻所系者，或虽有而供不应求者，则投巨资建设高档次旅馆；

三、交通枢要，无新式旅馆，则就旅行社址余屋，布置若干清洁客房，以备过往旅客憩足需要；

四、凡风景区，临近交通线，有开发之可能者，特建新屋，设立简洁之客房，以助临游客人。

由此可见，中国旅行社的食宿服务是以服务旅游者为宗旨的，在客观上有助于国民休闲旅行活动的开展。

进入抗战阶段后，中国旅行社接受多地公路局委托设置招待所，不只是企业经营，亦为协助以应抗战形势所需。作家茅盾便曾写作题为《坚守在荒寒的高岭上》的文章来赞颂该社华家岭招待所在“高山荒野”之上，“一群无名英雄直接为旅客服务，间接为抗战效力”。

总体来看，现代饭店业应需而生，正如陈湘涛对于创设招待所说明时强调的那样，饭店业的发展不只是对中国旅行社有益，对于国家名声、交通行业、社会金融、旅游地物产销售等方面都有助益。

（二）交通业

近代交通的变化尤为明显，近代运输工具、道路以及道路管理机制几乎都是从无到有，完全从西方引进的。在盈天缩地的巨大变迁中，人们的视野开阔了，对身边的世界也有了全新的认识，交通的发达功不可没。

通商开埠后，租界的西人带来了他们习惯乘坐的交通工具。在商业化的社会中，随着各种新式交通工具的出现，人们出行的观念也发生了变化。其中之一是乘坐各种新式交通工具演变成为不同社会阶层显示其身份地位的重要标志之一。

19世纪五六十年代，在香港、上海、广州、天津等西人聚集地陆续出现了马车。稍有地位或是富有之人都耻于步行，而必须时时以车代步，并且是西式马车或东洋车，否则就会感到有失身价。马车“有双轮、四轮之别，有一马、双马之分。……宜晴宜雨，各尽其妙。外国士女作工治事，限以晷刻，黾勉终日，偃息一时，往往乘坐此车，徜徉容与，以流动其血脉，舒畅其筋骨。华人效此，仅以为助兴会、扩胸襟而已。马车非马路不行，洋场大路，其平如掌。当夫风日晴和，偕二三知己，沿黄浦滩，登品泉楼。见夫裙屐少年或携仙眷，或挟歌姬，无不绣毂雕轮，络绎争飞而去。……夜冷宵深，犹不肯整鞭而归，其乐可知矣。此马车也，亦游沪者必有事也。"[①] 可见坐乘马车游观街市成为一些人游乐炫耀的一种方式。甚至挟妓乘马车游街市的"飞车拥丽"成为上海新兴的人文景观，被称为沪北十景之一，就如同时人有咏上海洋场马车的诗中所写：

四面周遭马路开，轮蹄飞处满尘埃，五陵挟妓并肩坐，十里看花转瞬回。[②]

可见，马车并非必需的用具，而更多是一种休闲的方式。近代小说中马车多次出现，李伯元《海天鸿雪记》描写张园、愚园的夜生活也着重描写了马车：

每年到了五六七三个月，坐夜马车的人举国若狂，那班马夫同那些荡妇狡童在野田草露间组织一个团体，正是会启无遮，界登极乐，连工部局的禁令罚锾，都不能阻遏他们。这也是习俗移人，牢不可破的了……前前后后，共有十几部马车，一齐到了愚园口。只见那片空地上已经停了二三十部马车，都

① 池志澂．沪游梦影录 [M]. 上海：上海古籍出版社，1989 年版，第 160–161 页

② 上海洋场竹枝词 [N]. 上海：申报，1872–08–12.

卸了马，熄了灯，牛皮桂宝也如法办理停当。望那马路上，马车来的还络绎不绝。[①]

马车成为都市发展的现代信息，乘马车兜风本来是西洋人的一种生活习惯和休闲方式，它和现代新式的工作制度相关。由于上海的城市发展已经为马车的普及准备了必要的条件，作为一种时尚，乘马车很快就在上海流行开来，所以其是一种新兴的具有现代意味的移动方式和生活方式，而不仅是一种简单的交通工具。受商业化社会风气的影响，刻意追求以车代步者的目的是借此显示其不同于常人之处，实际上是消费行为中不正常的虚荣心理的表现，上海甚至“不分贵贱，出必乘舆”。因为马车“随意构造，宜雨宜晴，各尽其妙”，乘坐马车成为时人的一大享受，“贾客倡家往往税坐则至徐家汇静安寺”[②]。19 世纪六七十年代，上海还出现了马车制造业和租赁业[③]。

《申报》曾发表文章批评耻于步行的社会风气说：“即出门，一里二里之地，往往坐东洋车。若在他处虽十里八里不过安步当车尔，岂他处能行，而在上海独不能行乎？”由此可见，商业文化带给人们衣食住行的变化，在正负两个方面都产生了比较显著的影响。在中国传统社会中，崇尚节俭和力戒奢侈是一以贯之的信条，也是社会各阶层共同推崇的道德风尚和消费观念。近代，自行车、汽车、火车等新的交通工具也为人们的生

① 李伯元．海天鸿雪记 [N]. 上海：游戏报（第 744 号），1899-07-22.

② 葛元煦等．上海滩与上海人・沪游杂记・淞南梦影录・沪游梦影 [M]. 上海：上海古籍出版社，1989.

③ 刊登有制造马车和马车出租的广告 [N]. 上海：申报，1872-04-30.

活提供了极大的便利。自行车传入中国之初，被视为文明的标志。据《申报》报道，在19世纪末的上海，自行车在黄浦滩一带已是“此往彼来，有如梭织”。起初主要是外国人使用，后华人也争相骑行，“迩日此风盛行于沪上，华人之能御者亦日见其多，轻灵便捷，其行若飞”。自行车刚传入中国，被称为脚踏车，在1902年至1903年间，《大公报》还没有完全确定应该使用哪个词，而是交替使用“自行车”和“脚踏车”等词，从1904年1月开始，多用“自行车”。而上海等地一般都还使用“脚踏车”。[①]

随之出现了自行车专卖店和修理店，对自行车在中国的普及起到了重要的促进作用。当时经销外国自行车的商行、洋行竞争比较激烈，各国自行车抢滩中国，采取多种方式，扩大市场占有率。如1901年《中外日报》刊登踏飞洋行的一则广告云：“本行专办各种脚踏车，出售外洋头等机厂奇造一种飞轮脚踏车，其速较快。”1902年，天津鸿顺洋行宣布：“本行开设在法租界马家口大街，专售英美各国男女自行车，各样飞车，时式无练（链）快车，车灯、车铃以及车上应用之件一概俱全。”[②] 该广告后面还附有一张女车图。次年，又出现一批德国制造的女式自行车。“美国巴希克洋行新到德国名厂制造头等新样女脚踏车十部，每部价银六十两。”[③] 当时，自行车还是

① 刘志琴主编．近代中国社会文化变迁录（第二卷）[M]. 杭州：浙江人民出版社，1998：192.

② 广告 [N]. 天津：大公报，1923-04-11.

③ 广告 [N]. 天津：大公报，1923-04-4.

高档消费品，在有些地区还比较少，连它的主人似乎也有被人知道的可能。直到1904年春，“脚踏车之在成都行者有七架：一为英牧师君启所用，二为法君所用，三为何君所用，四为邮政局他君所用。其余三架皆中国人自用者”[①]。或许是价格较高的缘故，日商新开设的加藤洋行在1907年为推销自行车，采取分期付款方式。每辆车的价格为八十元，若一次性用现金支付，只需要交付七十五元。“敝商会现在天津设立分号，专售英国克比多利市之盛货野司会社制造各样新式宝星牌自行车，与众不同。此车真乃货实价廉，且鲜明华丽无比，又兼非常坚固，敝行并可能保长久不坏。共运到五十辆。出售分期交价，以三个月内为限。头一月付洋三十元，第二月（付洋）三十元，第三月（付洋）二十元。著付现洋，每辆七十五元。”可见，作为一种贵重商品，自行车开始采用分期付款的方式，而一个洋行一次性到货数量似乎也能帮助说明市场的购买水平，名牌产品又具有特殊优势，产品内在品质已经不错，如“宝星牌装置飞轮、明闸、链子包等”[②]。正是在这种情况下，山东济南等地传来消息：“历下各衔，坐脚踏车者络绎不绝，车价为之骤涨。”[③]

这些专业店铺的出现，既方便了人们选购自行车，也可解除购买之后使用过程中的后顾之忧，当然也有利于自行车的普

① 广告 [N]. 天津：大公报，1923-04-11.
② 广告 [N]. 天津：大公报，1923-10-1.
③ 消息 [N]. 天津：大公报，1908-6-26.

及与发展。

由于西式马车驾资较贵，只是大城市中官吏、买办、商人与外国人行旅的必备工具；乘坐西式马车游观街市，在当时也成为一些有钱人招摇炫耀的方式。畜力车中，最常见的有轿车（骡车）和西式马车。轿车的车身装有木制车篷，篷外罩衣，并装有玻璃窗户，光绪、宣统年间，品级较高的官员多乘这种骡拉的轿车。此外，用得较多的代步工具还是传统的肩舆——轿，这仍然是官宦绅商人等的主要工具，仍然是以抬轿的人数、轿身颜色质地、轿顶装饰等来区分主人身份地位的高下。而一般平民则只有遇婚嫁丧葬之时才可能用轿。陆路的机械化交通工具，如火车、汽车和电车，在此期间也开始出现并得以发展。火车因“其制以汽机为原动力，曳引客车、货车行驶于铁路之上”，在当时被称为汽车，俗称为“火车”或“火轮车”[①]。从同治四年（1865）开始，时人对是否修建铁路之事一直争论不休：“英人杜兰德于同治乙丑七月，以长可里许之小铁路一条，敷于京师永宁门外之平地，以小汽车驶其上，迅疾如飞，京人诧为妖物。旋经步军统领饬令拆卸，群疑始息。自是而后，遂有淞沪铁路矣。”[②] 同治四年（1865）七月六日，《中外新闻七日录》对当时火车运营的情况做了一番描绘，特别指出对贸易和商贾大为有益：“考火轮车为之有用，快逾奔马，捷胜飞禽，每一点钟可行一百二十里。其务求平稳，不尚疾驰者，亦常行八九十

① 徐珂．清稗类钞（第十三册）· 舟车服饰 [M]. 北京：中华书局，1986.
② 徐珂．清稗类钞（第十三册）[M]. 北京：中华书局，1986：6093.

里。……车内上客位，窗明几净，铺设整齐，坐卧行走，皆绰有余地。……将来此路告成，不特省垣百货流通，即四乡土产，亦必流畅。盖百物往来，瞬息可至，货脚鲜浩繁之虑，客身无昂贵之虞。且彼埠所无者，即来此埠运去；此埠所缺者，即来彼埠返来。以有易无，交相贸易，日行千里，绝不虞时。”但这条试验性小铁路很快被清政府视为“奇技淫巧”而责令拆毁。同治十三年（1874），李鸿章提出仿西国办法：“有电线通报，径达各处海边，可以一刻千里；有内地火车铁路，屯兵于旁，闻警驰援，可以一日千数百里。”他提出了“改驿递为电信，土车为铁路”的建议，并说：“铁路、电线二者相为表里，无事时运货便商，有事时调兵通信，功用最大。”但这种建议受到不少京官反对，直到1880年12月，前直隶提督刘铭传向清廷正式提出了修筑铁路的建议，修筑铁路之议再起。①

西式马车输入中国后，是加快信息交流、提高办事效率的交通工具。但马车在上海却很快也被用于游乐活动，增加夜生活的喧闹，引起居民的不安。《申报》为此发表评论说：“西人之尚马车，原为办事迅速起见，非徒为游观计也。若华人之坐马车者，大率无事之人居多，故马车若专为游观而发。”②

民国时期的交通工具可谓五花八门，古代的轿子仍是乡村的重要工具，大中城市的人力车已经迅速发展，汽车也开

① 宓汝成编．中国近代铁路史资料（第1册）· 李鸿章致郭嵩焘函[M]. 北京：中华书局，1984：78.

② 孙中山全集（第2卷）· 复中华国货维持会函[M]. 北京：中华书局，1982.

始在上海流行。据记载，1912年，上海已经有汽车1400多辆，汽车逐渐成为高官、富商等上流社会阶层的主要交通工具。1901年，第一辆汽车进入上海，辛亥革命后，上海的汽车明显增多了，“拉风易为风扇矣，马车易为汽车矣”①，“沪上自汽车盛行以来，一般富绅巨贾以及时髦少年莫不乘坐汽车游行街市以为显耀，唯车行甚急，且系橡皮空气车轮，绝无声响，故均装置手揑回升俾行人，及他项车辆闻声走避，以免碰撞之虞”②，说明当时汽车是作为一些有钱有势者奢侈消费的特征，而不是一般的交通工具。

1906年2月，天津电车开始通行，此乃中国城市首次以此作为交通工具，也是中国首次引入西方现代交通工具以改善城市公共交通。早在1905年，世昌洋行为争取天津电车承办权，曾遭到《大公报》的反对。在人们的眼里，这不单单是引进近代交通工具的问题，还牵扯国家的主权。“电车者，文明之利器，省时间，便交通，开发文明，莫此为盛”，这是有目共睹的，可是“一国有一国之主权，一地有一地之主权。外人之夺我主权也，出之以积渐，我国之丧失主权也，由于不自知”③。外商天津电灯车路公司在直隶总督兼北洋大臣袁世凯的支持下，仍然取得筑路权和经营权。

作为消费者的普通市民，在电车开通之后，争先恐后地

① 时评二・苦乐不均[N]. 上海：时报，1913-08-21.
② 取缔汽车志闻[N]. 上海：申报，1914-07-06.
③ 转引自张建伟 . 电车[N]. 北京：中国青年报，2005-09-21.

要乘它兜兜风。“电车开驶而后，旅行既便，票价尤廉，境内欢迎……座间客满，肩为之摩，甚至有无甚要事姑借以游览者。其为人所信用可知，而前途之发达更可知。”乘坐电车的时候，人们不仅享受到近代西方文明的成果，还受到某些文明的熏陶，因为每一位乘客都必须保持车厢内卫生和使用文明语言，遵守各项规定，“车上不许吐痰”，“车上不得用污言秽语，亦不得污秽本公司之车，又不得侮弄同车之客”，“车上不准带犬及各种畜生”。显然，这对于某些中国人改变不讲公共卫生、不讲社会文明等陋习是有一定帮助的。由于电车的行驶速度比较快，加之当时中国城市交通状况不十分理想，人们正在逐步养成遵守交通秩序的习惯，所以由此而引起的交通事故还是时有发生的。这不免在人们心里造成一定的恐慌。在死守着因果报应等观念的人们看来，因电车事故而丧生的人是触电遭天殛。“凡遭天殛者，人必以一二恶事实之，其未击毙以前，固无人预言某也恶贯满盈，他日必遭天殛也。”上海的“某迂儒大言曰：‘电车，电车，此中盖有天焉，人心不古，至于斯极，雷神击不胜击，故假手于人，上设以线，下安以轨，中行以车，密密布置，使恶贯满盈者无所逃遁，诚哉天网恢恢，疏而不漏也。’”可见，来自外国的近代交通工具难以避免的交通意外事故也成为人们诠释某种固有观念的依据。正是由于交通工具的改进，人们的生活空间被拓宽了许多。北京、天津两座城市之间的旅游逐渐发展起来。人们开始学着外国人的样子到一些名山大川、江河湖海等游览胜地去避暑消夏。北方的北戴河成为避暑胜地之后，前来消夏的人不断增多。1900年前，北戴河避暑的外国人不过“三数十家，及过庚子之后，年年加多”。至1911年“英、美、德、法、俄、奥、意、丹、墨、荷兰等国的人皆有，但其中以美国人为最多……统计北戴河所有的外国人，总在千二三百上下，华人也达一千数百人，除军政要人、富商巨贾之外，还有很多学堂学生”。如1908年6月，北京某教堂女学生一百五十余名，放暑假，于13日同乘火车赴唐山、北戴河、榆关等处避暑。1909年6月，驻京美国福音堂之女教习3员，率同女生二百余人……赴秦皇岛、山海关一带避暑。南方的名山也有的被开辟为旅游避暑胜地，为人们避暑提供了绝佳的去处。一些国际旅游专线也被开辟出来，如法国人德木兰就专门提供北京到法国的国际旅游服务项目。“有法商德木兰者，因华人欲游法国者，多不知用若干日，用若干费，乃在西安门内大街开设一行。凡有欲游法国者，伊可派人导引、照顾。其包办之价值，计去路一月，回路一月，在法居住一月；上等价银一千两，三等四百五十两。定于五月初六日早七点钟在前门外火车站开行。欲往游者，须于开行之前一月到该行订议。”当然，这种国际旅游不是普通民众所能享受得起的。即便是国内旅游，也有很多中国人不愿和不能参加。

《大公报》的作者认为这主要是由于人们囿于传统观念，以及交通状况的不理想。“一、原因于学说之误人也。老子云：至治之极，邻国相望，鸡犬之声相闻，民至老死不相往来。……我国之民，自有生以来，终其身未出乡关一步者，比比皆是也。”“一、原因于交通不便。大凡一国之文野，皆以交通之便否为断。是以各国旅人，一出国门，由车船以至旅馆，运送之迅速，居住之安舒，人人皆有如归之乐。而我中国，车船迟蹇，日行不过百里而遥；及抵旅店，则臭秽湫隘，令人闷闷欲死……故稍得家居不出而谋生者，其孰肯轻出乡关？”实际上，旅行对于人的身心有莫大的好处，该文大力鼓吹道：“旅行者，人生之第一快乐事也。出一社会，入一社会，人情风土，随处不同，眼界为之一开，心界为之一变，愉快之情，当不可名状。然此不过就其浅者而言之者也。若夫名山大川、都邑名胜，有登临之美，有游览之娱，又得考其国风，察其政俗，友其贤士大夫，聆其学说，绪论其移易性质，增长学识，为益岂可以道里计哉？古人有言：‘读万卷书，行万里路。’斯言也，殆深见旅行之益，而知足不出乡里者之不足以言学问也。……‘今之世界，何世界乎？……物质之文明既有如火如荼之盛，精神文明自有日新月异之观。若环游一周，见见闻闻，实为最有兴味之事。”他们的分析不无道理。

“交通便利处，所有一切偷靡奢纵之爱好，早已随教鞭而广布一时，主持校务者。非投彼嗜好以与周旋，则无术以羁縻之。”①

虽然出现了种种新式交通工具，但黄包车依然是很多城市主要的出行代步工具，因为黄包车最廉价、方便。19 世纪 70 年代以后，洋泾浜的繁华已雄冠上海滩，但对大多数人来说，

① 杂评二・教员嗜赌 [N]. 上海：申报，1917-08-27.

黄包车依然是出行最方便的选择。从1873年登记300辆开始，经过42个年头，至民国五年（1916），黄包车增至6000辆，连同私家自用的约合1万辆。民国十九年（1930），全市公营、自用黄包车达64 445辆，次年增至68 500辆，至抗战前夕达到8万余辆，黄包车成了上海滩的重要交通工具。随着时势的演变，黄包车的作用也随着发生了变化，但其始终以简易和大众化而独树一帜。

交通工具的发展是近代休闲一个十分重要的因素，大大缩短了时空距离，扩大了人们的活动半径。

汽车无疑是远距离交通的最重要工具。第一辆有据可查的汽车输入是在当时中国最发达的城市上海，时间却已经到了1901年。传统由沙石或泥土修筑的道路对于人力或畜力交通工具的使用或无妨碍，而可以适应汽车使用的沥青路却要等到1913年才在湖南建成，那时已经进入民国。

近代对铁路运输的态度最初也不够热心。1865年，英国商人在北京建设的实验性铁路毁于清廷步军统领之手。外资在上海修建的中国第一条铁路吴淞沪铁路在1876年贯通并开始客运和货运之后，清政府的回应是在次年以重金赎回拆毁。中国人自己修筑的第一条铁路是1881年修成于唐山与胥各庄之间的一段长10公里左右的货运铁路，讽刺的是，这段铁路上的火车只能用骡马来牵引，理由是火车头发出的巨响会打扰清东陵的清静。好在次年，这一条铁路就开始使用蒸汽机，中国的铁路事业也由此走上了正轨。国人詹天佑主持设计施工的京张铁路以及外资修建的中东铁路、昆河铁路、南满铁路、胶济铁路相继通车。直到1911年，中国铁路网总里程达到9100多公里。

水运方面的开展相对顺利，我国标志性的近代航运企业是1873年正式成立的轮船招商局。后来又于1898年设立两湖轮船局，负责湖南、湖北之间的定期水运。近代的长江航道亦较为繁忙，20世纪前后已定期开行上海—汉口—宜昌的水运客轮。

民国时期的交通建设较近代有了长足的进步，已经基本能够满足现代休闲旅行活动的开展需要。

1927年，当时国民政府的交通部门制定了道路建设的国家建设规划，并且提出了公路工程的建设标准，在量的基础上，提出了质的要求。经过多年的不断建设，抗战前夕，全国公路里程已经由最初的几近为零增加到10.95万公里。① 值得一提的是，这个数字不只没有计算我国东北的数据，各省自行建设的4万公里公路亦未涵盖在内。成熟、完善的国内公路体系为各地开展休闲旅行提供了较大便利，南京—杭州、上海—杭州、杭州—徽州等热门线路在公路修建完成之后，来往旅行之人络绎不绝。以往须经他国方可游览云南等地的历史也宣告终结。

航运方面的成长在民国时期也非常显著。官方于1932年接手运行清廷成立的轮船招商局，截至抗战前夕，船舶总计

① 王淑良等．中国现代旅游史 [M]. 南京：东南大学出版社，2005：27.

153艘，吨位达到86 300余吨。而在其时卢作孚所创办的民生轮船公司、虞洽卿三北轮船公司等民营航运企业发展壮大的背景下，总体航运吨位达到了576 000吨[①]。

在民国期间，航空事业也经历了从无到有的发展过程。国民党交通部与美国在1929年合办中国航空公司，当年即开办上海—成都、上海—南京等客运航线。中德在1931年合办欧亚航空公司，原欲开办上海—柏林航线，因故未果。截至1948年，当时的中国航空公司各型飞机数量近百，员工近万[②]，已然具备一定的规模。

交通基础设施是休闲出行的前提条件，民国时期的交通事业发展基本实现了交通出行的现代化，一方面使经济发达区域的旅游业得到发展；另一方面则使各地养在深闺的旅游资源得到开发和利用的可能。

(三) 景区建设

近代休闲旅行活动的开展与盛行与西风东渐不无关系。1858年签订的《天津条约》“英国民人准听持照前往内地各处游历”，这拉开了外国人在国内旅游的序幕。一方面西方人士在国内的游历活动引领一时风气，对一些景区建设提出了要求；另一方面，他们的活动也和一些景区的建设密不可分，甚

① 王淑良等．中国现代旅游史 [M]. 南京：东南大学出版社，2005：27.
② 李孔昕．写给空中旅行的人们（第二十二卷）[J]. 旅行杂志，1948（3）：5-12.

至直接参与了景区的建设。

比较具有代表性的是其时庐山避暑地的开辟。九江租界的设立是在 1861 年，与镇江、汉口同时。口岸通商业务的开放带来大量的国外公司与洋行，而九江地区盛夏季节因副热带高压带来的酷暑天气与高湿度，使租界人士苦不堪言，并因此产生了强烈的避暑需求。邻近九江的庐山夏季平均气温仅 22.6℃，自然地理条件优良，不只风景秀丽、林木茂盛，并且历史文化厚重。对于西方人士来说，庐山自然具有强烈的吸引力。首先是法国传教士于 1865 年在庐山北麓的莲花洞兴建别墅①，此后，英、美、德、俄诸国游客和买地建屋之人便纷至沓来。1917 年的庐山建筑有 560 座，到 1928 年已经达到了 712 座，其中大多数的建筑都是别墅，年接待国外游客数量达到 2000 多人②，国内人士来庐山避暑也蔚然成风。时至今天，这些别墅已然成为庐山景观与文化的重要构成，成为我国重要的旅游资源。

1912 年之后，虽战祸纷起，但景区的建设较前期规模更为庞大，服务对象也不再以西方人士为主。山岳型景区仍以前引庐山为例，1927 年后，庐山几乎成为国民政府的夏都，蒋介石和其他国民党高官纷纷在此建造或购买别墅，成为南京之外的中国政治中心。为此，当局对庐山的名胜和植被制定了多

---

① 罗时叙 . 人类文化交响乐——庐山别墅大观 [M]. 北京：中国建筑工业出版社，2005：443.

② 郑焱 . 中国旅游发展史 [M]. 长沙：湖南教育出版社，2000：344.

种保护措施，还建设了庐山植物园、花径等景点。不仅配套服务设施完善，还兴建了很多疗养院。

国民政府时期，除了持续建设庐山，还专门成立了黄山建设委员会来管理黄山，对于浙江省境内的莫干山、雪窦山、雁荡山，以及华山、泰山、衡山等国内名山，或成立管委会，或由旅游服务企业建设服务配套设施，对其旅游资源价值的发挥做了不少有益的建设工作。

海滨旅游资源方面，对近代已有相当建设基础的北戴河海滨、厦门鼓浪屿、青岛海滨等海滨旅游胜地进行了进一步的建设。不只完善了服务基础设施，还因地制宜，整修或建设宗教、商业等各类建筑，使其接待和服务的能力有大幅度的提升。

民国时，温泉疗养也是休闲旅行的一大内容。当时地质学家对国内温泉资源进行了调查，统计出了630处有开发价值的温泉，在24个省份中都有所分布。已经开发的温泉包括南京汤山温泉、贵州息烽温泉等。

公园是由近代西方殖民势力引入的，作为人们日常生活中的休闲娱乐空间，伴随着殖民主义的渗透而成为空间。在初期因禁止华人入园而引发公园运动，形成了中国人“华人与狗不得入内”的深刻民族集体记忆，而且公园中的殖民主义纪念建筑进一步刺激着中国人的民族主义情绪。正因为如此，中国人自己在建造公园时更突出民族特色并强调功能，从公园名称、空间布局和建筑到公园功能都体现出民族主义精神。公园问题折射出在近代特殊的背景下，中国化过程中中西文化融合、殖民主义与民族主义冲突的轨迹。逐步建立图书馆、博物馆、动物园、公园等，以“开民智”“化民俗”。尤其值得一提的是，中国人还购买了一些动物，作为北京新建的万牲园的第一批主人。第一批运抵天津塘沽的有1头大象、2头狮子、3头老虎、2匹斑马、2头花豹、2头野牛、4头熊、1只羚羊、4只袋鼠、4只鸵鸟、6只仙鹤、8只鹿、14只天鹅、38只猴等动物，共装了59笼。一些外国人也发表演说，要求在北京建设公园。

北方大都会天津于1907年筹建公园，主要是由于津门为九江之汇，本系水陆通衢。“开埠后，士商云集，繁盛几颉颃沪上。所缺憾者，独少名园胜地，为人士游目骋怀之所。大吏忧之，于是有建设公家花园之举，其盛事也。园在锦衣卫桥之北，地基开朗，嚣尘远绝。近方垒石为山，凿池引河。园之四周，围以杂树。以北洋之物力，益以当事者与民乐利之心，度一二年后必能缀锦结珊。远驾海上之张、愚园而上。”同年秋，天津新开河附近也建成一座植物园，供游人游览。随之也引起中外文化的矛盾和冲突，主要是男女是否可以同时游览的问题。开始的时候规定“星期一、二、三、五、六，准男客人览。星期四、日，独许女客人览”。可是这种旨在防止男女风化问题的规定受到社会舆论的猛烈批评。“青天白日之中，忽有此妄别男女之严防，不唯为文明障碍，且亦使通人大笑其不通也。夫游园者既非入庙之地，入庙烧香，多系野蛮之辈，游园赏景，半系文明之人；入庙则任其男女混杂，游园则反严别男女，岂不可笑乎？”北京万牲园在1907年秋天取消了男女不得同日游园的规定。

此外，博物馆游玩也是近代新出现的一种文化休闲活动。随着西洋器物、文化用品的进入，中国人日渐见多识广。西人在香港等地开设了博物馆，王韬在1861年曾游览香港博物馆：“中藏西国书籍甚夥，许人入内翻阅。舆地之外，如人体、机器，无不有图，纤毫毕具。院中鸟兽虫鱼、草木花卉，神采生新，制造之妙，殆未曾有。院旁即观剧所，西人于此演剧奏乐伎，大抵搬运之术居多，神妙变化，奇幻不可思议。”[①]中国为文明古国，文物、名胜古迹众多，但是在帝制时代，这些名胜古迹都为封建帝王贵族所有。走入近代社会，特别是1912年后，这些作为古代文化结晶的文物、名胜古迹开始逐步走向社会化、大众化，展览场馆场地成为大众休闲的公共空间之一。1905年，张謇为适应师范教学的需要，创办了南通博物馆。1912年10月，内务部决定在博物馆正式设立之前，筹设古物保存所。1914年6月，内务总长朱启钤上书袁世凯，提出开放京畿名胜：“与其严樵苏之禁，积习相仍；何如纵台沼之观，与民同乐？”并制定游览章程10条。[②]与此同时，北京政府又在社稷坛武英殿开办了古物陈列所，对社会开放，购票参观，参观者络绎不绝。教育部也斟酌开放文庙、国子监两处名胜场所。教育总长汤化龙呈文建议：“改国子监为历史博物馆”，

① 王韬.漫游随录·扶桑游记[M].长沙：湖南人民出版社，1982.

② 朱总长请开放京畿名胜[N].上海：申报，1914-06-02.

因为“历史博物馆一项能令愚者智开，嚣者气静，既为文明各国所重，尤为社会教育所资”[①]。昔日为皇室贵族官僚所享的园林名胜，而今，平民百姓也能观赏，给近代人们的休闲生活带来了新鲜的气息。

虽然历史博物馆正式开馆是在1926年，但是之前各地博物馆的建设都有了较大发展，到20世纪20年代末，全国各类博物馆已有34座。1937年七七事变之前，北平市举办了多场次的科学技术类展览、历史文物类展览、经济类展览活动，且都非常有特色。在电影院、舞厅舞场等人们社交的新空间形成了近代人休闲的重要场所之外，博物馆之类的文化场馆也给人们带来了新乐趣，丰富了城市文化生活，成为近代人们的另一种休闲场所，从另一个方面提升了近代休闲文化的质量。

二、旅行社

（一）陈光甫与中国旅行社

1841年，英国传教士托马斯库克组织的禁酒大会团体行程被公认为是现代旅游业诞生的重要标志，也是旅行社行业诞生的起点。一个新行业的诞生不只应需，而且应时。但1841年这一年恰恰处于中国近代史的开端部分，相对西方，衰落已久的近代中国并不存在现代旅游业诞生的土壤。中国旅行社行业的起点要延后至1923年8月，也就是陈光甫的上海商业储

① 历史博物馆之筹备进行[N]. 上海：申报，1914-07-08.

蓄银行旅行部。后来该部门独立为中国旅行社，它的诞生离不开当时社会经济文化的发展背景，也离不开创始人陈光甫的商业眼光与经营手段。

陈光甫（1881—1976），江苏丹徒人，原名辉祖，后改为辉德，字光甫。1904年赴美参加圣路易斯国际博览会，后留下读书，1909年获得宾夕法尼亚大学沃顿商学院商业学士学位后回国工作。后来于1915年创设上海商业储蓄银行，是民国时期上海著名的金融家、企业家。

创办上海商业储蓄银行旅行部，陈光甫的考虑主要基于四个方面：一是挽回国家利权。当时国内存在为外国人服务的旅游机构，而国人出游的话，不只要付出高昂的价格，还要忍受对方傲慢的态度。陈光甫就曾有过类似的遭遇，他曾自述道：

数年前，余自香港往云南，至西人经营之某旅行机构买船票。入门。见柜内少年西人正与一女子娓娓交谈，初以为必问旅行事无疑；乃候之久，而言仍未已，后始知所谈者毫无涉于旅行。此少年目击余自伫立，竟不招待，殊属无理，余乃废然而返，改至运通银行购票。途中自忖外人之所以藐视余者，因我非其族类。[①]

被西人傲慢对待的经历促使陈光甫兴办旅行服务机构，而这一举动亦可“挽回中国之利权”。二是发扬国光，阐扬名胜。三

① 杨桂和. 文史资料选辑（第80辑）· 论中国旅行社 [M]. 北京：文史资料出版社，1989.

是辅助工商，便利旅行。四是推动银行行务[①]。

除了陈光甫高度的社会责任感和强大的商业经营能力之外，中国旅行社之所以能够在现代中国萌生并且发展壮大，产生积极的社会影响，与其时的社会背景具有很大关系。一是当时的社会经济发展已经使旅游活动具备了相应的物质基础；二是近现代交通行业和饭店业等旅游行业已经有了长足发展，基本能够满足开展旅游活动所需；三是包括上海等城市的发展，使得当时已经具有足够的旅游潜在消费市场；四是旅游观念的演进，使旅游活动开展具备了内在动力；等等[②]。

中国旅行社从1923年开办，直至1954年停业，可以分为初创、发展、内迁、复业和衰退等五个阶段[③]，其中前四个阶段属于民国阶段。1923—1927年可视作中国旅行社的初创期，通过数年创业，截至1926年，总部之外已开办杭州、北平、天津、南京、汉口、苏州、镇江、济南、蚌埠、沈阳及无锡等11分部。1927年6月独立至1937年“八·一三”事变，可以视为中国旅行社的发展时期，在这一阶段，开辟招待所业务和货运业务，又加强了国际联系，分支机构增长迅速。在此期间，分支机构总数增加至49处。1937年“八·一三”事变后直至1945年抗战结束，是中国旅行社发展的第三阶段，其工作重心是协助物资转移和人员内迁，为抗战做出了巨大贡献。

①② 易伟新．近代中国第一家旅行社[D]. 长沙：湖南师范大学，2003.
③ 易伟新．近代中国第一家旅行社[D]. 长沙：湖南师范大学，2003：23–24.

1945年下半年至1949年为该社发展第四期，由于抗战之后内战相继，虽然经营努力，但成效不彰，所涉五个年份中，亏损的年份占了三个。总体来看，中国旅行社的发展历程与国运紧密相连，不只为民国的休闲旅行活动提供服务，也在时代洪流中做出了重大贡献。

（二）中国旅行社的休闲旅游服务

中国旅行社的业务种类除了前文所述及的旅行招待所、饭店之外，还有货运、客运、游览服务、旅行书刊出版以及旅行辅助等五种主要业务类型，基本能够涵盖现代旅行社业态的业务范围。其中旅行书刊以《旅行杂志》影响最著，留待下文讨论，与休闲旅行相关者尚有客运、游览服务以及旅行辅助服务等。三者是中国旅行社收入的重要来源，也是推动民国休闲旅行活动开展的重要助力。

客运业务方面，往往并非中国旅行社自己使用交通工具开展旅客运输，而是为陆路交通、水运交通及航空业代售客票，以此获取佣金收入。因为该业务的定位是为交通运输企业服务，所以相关费用无须向旅客收取。从业务范围来看，举凡国内外各种客运类型，涉及国内、远东乃至世界范围的交通运输企业，中国旅行社皆与相关企业建立了稳定的合作关系，可代售相关票务。服务形式也极具弹性，可现场代售，亦可预售，还可以电话订购，送票上门，退票也能够做到随时办理，可谓服务周到。

游览服务由于其服务对象的不同，主要可以分为组织国内团体旅游、服务入境游览团与出境游三种。国内团体旅游由近而远，从开发每年春季赴杭州的专车旅行起步，利用暮春初夏的复活节及清明节假期，以更舒适的专车、名餐馆提供的饮食吸引旅游者，往往供不应求。秋季的杭州分社则组织赴海宁的观潮团，同样安排周到、体贴备至，深受欢迎。国内的长途游程则以 1929 年由香港分社组织的西湖游览团起步，当时的名胜如西湖、黄山、雪窦山等处，中国旅行社的足迹不绝。入境团的接待则以服务外宾人和华人华侨为主。该社接待入境客人的员工基本要有相当的教育程度，在外语技能、名胜讲解等诸多方面都有较高要求，不只服务周到，并且能使客人得到知识上的收益和满足。接待的入境游客规模较大的是 1931 年来华的日本游览团，当时中国旅行社与日本国际观光局合作，前后接待日本旅游团体有 20 余次，服务 3000 余人。出境旅游事业的开端由 1926 年起步，当时的中国旅行社派出许兆丰带领 20 余名团员前往日本赏樱，同时遍览京都、东京、大阪等地。此后，日本赏樱团几乎成为中国旅行社的常规路线且组织了多次。此外，中国旅行社在 1936 年举办柏林奥运会之际组织奥运远游团成为一时盛事。

中国旅行社开展的旅行辅助服务包括代办出国手续、会务接待、代办保险以及发行旅行支票等。不只当代旅行社类似业务的雏形已然具备，还将业务扩展到旅游金融、旅游会展等领域，体现了良好的经营能力。

（三）其他旅游服务组织

中国旅行社是现代中国休闲旅行服务最大的供应商，除此之外，还有不少组织和公司积极面对旅游发展的客观形势，为休闲旅行提供服务和便利。

民国二十年创建的经济旅行社有经国济民之志，而以提倡集团旅行为宗旨、增进社会福利为目的，后又改名“经纬”，截至1948年，组织团体旅游1700余次，服务数万游客[①]。此外，尚有总社设立在重庆的四川旅行社、由中国旅行社与日本观光局在山海关合办的东方旅行社等旅行专门服务机构。

20世纪30年代的交通部门、各级政府以及各类单位团体对旅行的社会经济意义都有所体察，也对此做出鼓励和协助。当时的铁路部门在1936年出版《国有铁路国内联运规章》，鼓励各路局筹办“中国国际旅行社”，并且在各大城市和交通节点设置问讯处。公路系统则于1937年在安徽设立“游旅服务社”，应答公路旅游相关问题并代予安排介绍食宿等事务。航空公司中亦有中国航空公司与外资合办泛美空游游览团。轮船客运则在普陀、青岛等旅游热点区域组织客运专班。其他社会团体亦有提倡旅游，如上海的中国汽车偕行社、全国道路建设协会等皆提倡汽车旅行，国民政府古物保管委员会则对旅游资源开发和旅游都有所提倡与鼓励。

---

① 苏全有，王君. 民国时期的旅行社述论 [J]. 旅游论坛，2013，6（3）：96–100.

三、休闲旅行媒体与出版物

（一）《旅行杂志》

中国旅行社的出版物以《旅行杂志》最为著名，其余还有旅行手册、导游丛书、旅行遍览等。从商业角度助益旅行社业务的开展固然是题中应有之意，但除此之外，还有着推进文化和普及旅游活动的目的。早在创刊之初，《旅行杂志》就将“阐扬中国名胜，发展旅游事业”作为自己的办刊宗旨。

该刊初创于1927年，一年一卷，每季度出刊一次。内容除了交通时刻表和相关票价之外，也刊登江浙两省和美日等国的游记。排版、设计、印刷对标美国铁路轮船宣传品，不惜物料和成本，但求其精美宜读，以至于出现售价不及成本之半的情形。1929年起，《旅行杂志》改为月刊，但凡旅行范围之内的游记、小说，无论国内国外，都乐于刊登，并且支付丰厚稿酬，形成了遍布海内外的较为高水平的作者群，甚至开始出现和旅游相关的学术文章。抗战开始之后，物资缺乏，物价波动变大，编辑条件艰苦异常，即便如此，杂志的编辑发行始终没有中断。这一时期的稿件多以西南、西北名胜为主，并且更加注重旅游理论的研究。如在1942年8月，《旅行杂志》便在原有办刊宗旨之上新增“学术的旅行，旅行的学术”，学术气味浓厚。抗战胜利之后，《旅行杂志》于1946年回迁上海，办刊有形材料的使用等又恢复往日高标准，在内容上则注重对故土新归的台湾、东北进行介绍。这其中不免有激发读者前往的用意，更多则显现出杂志的家国情怀。1949 年之前的国统区物价飞涨，一日数变，杂志的成本往往亦难于得到弥补。至 1949 年后，杂志部分人员前往台湾，不久停刊。大陆部分则转向宣传文教于经济建设，虽读者群体仍然巨大，但因中国旅行社的歇业而最终走进历史。

从《旅行杂志》的办刊水平和国内外深远的影响力来看，其基本实践了最初的办刊宗旨，对于旅行思想的启蒙和激发发挥了重要作用。

(二) 旅行指南等文献

旅行指南在欧美等旅游业发展较早的国家里出现较早，1866 年清廷派出的考察团中，张德彝便留意过法国的旅游指南：

> 城中书肆卖行路薄，内云某处山川景致幽雅，某铺服用货物佳美，某店主人周旋款洽，暨各处远近路程；又云某处每日某时开车开船，或某时某地有某处车船经过，停时久暂，皆系一定。[①]

而西人进入中国游历之后，有关中国的旅游指南便屡见不鲜，民国时编订的《北平指南》便指出：

> 世界各埠指南，不仅普通用者汗牛充栋，供一阶级一学派用者亦更仆难数。欧美人之旅居我国者，各就所在地编纂指

① 张德彝 . 航海述奇 [M]. 长沙：湖南人民出版社，1981：41.

南。洋洋大观无虑数百种，如英法文之北京指南，其选材之新颖，调查之周详，真令闻者惊心，阅者动魄。[①]

既有珠玉在前，编订供国人阅读的旅行指南便也就顺理成章了。这不论对于商业机构的招徕游客，还是对地方的提升知名度、扩大宣传，乃至对普通游客的顺利出行，都大有益处。有研究者根据《近代旅游指南汇刊》《民国旅游指南汇刊》《民国史料丛刊》《民国时期总书目》等书，勾稽爬梳了近现代的旅行指南，总数达436种[②]。城市类的旅行指南占据了其中大半的份额，有240种。一般来讲，此类指南多包含六个组成部分，如地理沿革、政府机构、工商业发展状况、交通、公共事业及游览食宿等方面。其次为景点类指南，总数达138种。此类指南对于游览内容介绍得比较多，相关住宿、餐饮以及交通等方面亦有所着墨。部分指南还会介绍景点邻近城市的状况。景点的历史文化底蕴和建设发展过程往往也是其中的重要内容。另有一类指南是由铁路、公路等交通部门编制，内容为交通线路旅行指南，被收入16种，如《京沪路旅行指南》《广九铁路旅行指南》等。此类指南往往以车站为中心，介绍其附近城市的名胜古迹、风俗特产等。地理区域旅行指南为数较多，总计47种。此类指南往往选择国内某一区域进行介绍，结构与城市指南近似，对于了解某些区域所具有的一些共性比较有

① 北平民社编．民国旅游指南汇刊（第5册）· 北平指南[M]. 北平：北平民社，1929：4．

② 赵云霞．民国旅行指南文献初探[C]. 天津师范大学硕士学位论文，2017.

帮助。相对而言，域外旅行指南数量偏少，计有5种，内容则以东南亚为主，结构亦与城市类指南近似，比较侧重的是对这些国家的语言文化、风俗禁忌等进行介绍。

总体来看，近现代的旅游指南类出版物已经初具规模，基本适应当时休闲旅游活动的开展需要，也在一定程度上激发了读者游兴，扩大了休闲旅行的潜在人群。

第八章　娱乐生活与休闲

第一节　游戏场

自近代以来，商业贸易迅速发展，外来人口和文化迅速传入，娱乐生活从传统的茶馆、戏馆等场所转变为戏院、赌场、电影院等中西结合的新型娱乐场所，并最终演化为综合性游乐场。

19世纪五六十年代，大量人口因避战祸而涌入上海租界居住，形成“华洋杂处”的情况。根据邹依仁的研究，至1910年，上海总人口近130万，1915年已超过500万。1910年，公共租界内，非上海籍贯的人口比重高达82%，其中江苏移民约18万，浙江移民近17万[①]。到19世纪60年代，在上海租界业已形成一个“以棋盘马路为通道”、贴近华人的公共娱乐区域，包括烟馆、妓馆、茶楼、戏园等主要娱乐场所在内[②]，华人主要的娱乐生活便在这些场所展开。19世纪80年代中后

① 上海通志编纂委员会编. 上海通志(第8册)[M]. 上海：上海社会科学院出版社，2005.

② 罗苏文. 晚清上海租界的公共娱乐区（1860—1872）[J]. 档案与史学，2002(1).

期，设有许多演艺活动和设施的开放性私园逐渐兴起，成为上海最受欢迎的娱乐去处之一。以张园为例，张园于1885年正式营业，很快就吸引了各方来客，游人不分男女老幼、民族籍贯。张园的经营项目多样，有饭馆、茶楼、滩簧、书场、髦儿戏、弹子房、抛球场、脚踏车、照相馆等。“本邑租界各花园，地址以张园为最大……，园内有弹子房、点膳铺、抛球场、茶座、照相馆等。”①每当社会上有大事发生，就有人在张园举行集会演说。据熊月之先生统计，从1897年12月到1913年4月，张园举行的较大集会共有39起。同时，张园成为上海展示潮流、流行的场所，自1885年开放以后，这里每一年都举办焰火表演。在1882年上海出现第一盏电灯后，1886年10月，张园便试燃了电灯。张园对外开放以后，张叔和还把欧洲新近发明的照相技术引入张园，作为一种娱乐项目来经营。可以说，晚清的开放性私园已基本具备民国综合性游乐场的雏形。

民国时期游戏场的兴起与巨贾黄楚九密切相关。1912年4月4日，黄楚九“择地英租界二马路大新街转角，自建高大最新西式戏园”②新新舞台，步入竞争激烈的娱乐领域。1912年，黄楚九在新新舞台楼顶开设屋顶花园，建起了上海第一家综合性游戏场，并定名为楼外楼，择11月24日开幕营业。楼

① 张园 [J]. 上海：图画日报(第10号)：2.

② 朱英．近代上海商业的兴盛与海派文化的形成及发展 [J]. 三峡大学学报，2001(4)．

外楼主要的游戏项目是屋顶四角的四个游戏场，主要演出北方曲艺、南方说书、杂耍魔术和各地滩簧等。“在夏天晚上，据着琼楼高处，所谓屋顶花园，泡一壶茶，和一二知己，谈谈天，乘乘风凉，真是舒服异常。那游戏场的开创第一家，便是楼外楼。”[①] 楼外楼“自平地以达屋顶高至百尺。梯级盘旋共有九层，且地址宽厚，亭台屹峙，妙在四面凌空，视线所至毫无阻滞，高瞻远瞩，举沪江全境尽在眼中”[②]。在楼外楼的入口处，黄楚九还特意安置了四块从国外进口的哈哈镜，游客在对镜一照时，镜中就会出现自己畸形的影像，这也是当时普通人很少见识过的新奇事物。

碍于楼外楼条件有限，1915 年，看到经营游戏场的丰厚利润，黄楚九联合楼外楼的生意伙伴经润三，在上海静安寺路与西藏中路交叉处创办了新世界游戏场，于当年 8 月 4 日开幕营业。新世界楼高三层，在戏曲种类和游戏项目上“滩簧戏法皆齐备，情节离奇趣味深。楼上有楼真轩敞，登楼眼界焕然新。商场陈列惊奇足，建筑未有如此精。破费小洋仅两角，大菜也可吃一顿。……各种游戏分门类，南腔北调动人听。说书评话多惟妙，还有花园载屋顶。欧美运到新奇物，五光十色无穷尽。……外洋运到影戏片，点心大菜洋洋精”[③]。游戏场一楼设有跑冰场、弹子房、电影院和专唱京剧的大京班；二楼主要

① 郑逸梅．三十年来之上海 [M]. 上海：上海书店出版社，1984：66.
② 楼外楼——中国大建筑之鼻祖 [N]. 上海：申报，1912-11-23.
③ 新世界开幕广告 [N]. 上海：申报，1913-08-03.

是专演地方戏（如南方歌剧、北方大鼓、昆剧等）、滩簧（如苏滩、甬滩等）、说书、文明戏、杂耍等的小场子；三楼是屋顶花园，设有茶室和供应中西菜肴的餐厅，并有供应香烟、水果的小卖铺。新世界“地临跑马厅，凭栏远眺，心目为爽，地位既较楼外楼宽展，杂耍又较众多，楼外楼的生意都给它吸引过来”。继楼外楼和新世界之后，上海如雨后春笋般涌现出多家游戏场（见表 8-1）。

表 8-1　19 世纪初期兴起的上海综合性游乐场

名称	地址	创办时间
楼外楼	南京路浙江路	1912 年 11 月
新世界	南京路西藏路	1915 年 8 月
天外天	汉口路浙江中路	1916 年
大世界	西藏路延安路	1917 年 7 月
先施乐园	南京东路	1917 年 10 月
江北大世界	西藏南路中华路	1924 年
新新世界	南京东路	1926 年
花花世界	南京东路广西路口	1930 年
福安游艺场	中华路	1933 年 5 月
大新游乐场	南京东路	1936 年

1917 年春，黄楚九“择地英法交界之爱多亚路即西新桥堍，特建大游戏场”[①]，即大世界游戏场。大世界初为四层钢筋混凝土结构建筑，总建筑面积 14 000 多平方米，拟景形成“飞阁流丹、层楼远眺、亭台秋爽、广厦延春、风廊消夏、花畦坐月、霜天

① 大世界开幕 [N]. 上海：申报，1917-07-11-21.

唳鹤、瀛海探奇、鹤亭听曲、雀屏耀采”[①]共十景，附庸风雅，想借以号召游人，提升大世界的文化内涵。经营上，大世界的各色展览都强调展出的人、事、物的新奇。《申报》上有这样的广告：“世界之大，无奇不有，奇物之多，莫甚于大世界”，接着便列举了大世界的“十二大稀奇”：小头男女做夫妻、狮头猴身怪东西、一脸长毛野少年……以及各种“异兽”。除此，大世界还展出一些新奇的设备，例如，从荷兰进口的哈哈镜，以及中国最早的X光室，其显示一个美女真正脱衣，脱到成为骷髅为止的画面，可以说是中国最早的脱衣舞。在大世界的鼎盛时期，戏剧节目从中午12点左右开始，次日凌晨2点左右结束，历时14个小时。在这个时段里，每个剧场里都有多个剧团或演员轮番演出，几乎没有间歇。以1931年6月7日为例，大世界一共9个剧场，约30个剧班子每天演2场。而其中大型的戏剧类项目几乎在每个剧场都有一个，乾坤大剧场是大世界里最好的剧场，上演京剧和电影。其余为曲艺班子，每场演出时间半小时到一个半小时不等。除此之外，大世界几乎囊括了当时人们所能想到的所有娱乐项目。“内容有花园及屋顶花园、商场、剧场、各种书场、特别大厦、共和厅、美术界、动物院、弹子房、中西餐馆、中东名寮、鸳鸯池、金鲤池与大观楼、四望台、招鹤、题桥、登云各亭并旋螺阁诸胜；艺术则有小京班与超等女伶会串京剧，优美社女子文明新剧，日本松旭斋天左男女大魔术团，大发公司订定特级之最新电光影

① 郑逸梅．三十年来之上海[M]．上海：上海出版社，1984：66.

戏，天津班男女各种杂耍，宁波时调文明书、女说书，苏州著名评话及弹词、滩簧，广东潮州特别焰火；至种种游戏，则有走线飞船、机器跑马、升高椅、升高轮、秋千架、各种电光、西洋镜、哈哈镜等；并蒙诸大文豪设立文虎社，每晚悬挂灯虎，并有诗钟征联文人游戏，各品射中及揭晓后，以游券或薄彩车酬，藉助雅兴。”

游戏场的兴起和成功首先在于低廉的定价吸引了中低市民阶层。受西方“公园”这一概念的启发，开放性私园不收费或仅收取低廉游资，但在私园内部存在娱乐的分层。根据1909年商务印书馆出版的《上海指南》，愚园入门游资为每人1角，即便张园入门不收取游资，但要至安恺第听书，需每人6角，海天胜处听滩簧需二三角；有外国戏时，座价上等3角、中等2角、下等1角。对比来看，游戏场内的演出不再另外收费，只需购买一两角门票，便可以整日待在游戏场中观看表演，这无疑吸引了中低收入的人群。到20世纪30年代，一场电影要花去1角至1元多不等，但是游戏场的入场券普遍为1角至2角[①]。根据1932年上海市政府社会局关于“工人生活费指数”的一项报告，在受调查的305户工人家庭中，每家年平均收入416.51元，从其中记账的家庭来看，每家全年花在娱乐方面的平均费用为2.4元，用在听戏、看电影、听书等

① 林震编.上海指南（卷五食宿游览）[M].上海：上海商务印书馆，1930：25.

“正当娱乐”方面的费用，每家平均为2.26元[①]。首先，如果这些家庭要“最大程度地”使用这2元多的娱乐费用，游戏场确实是一个性价比较高的选择。其次，游戏场的游艺项目丰富，又可以游玩较长时间。曾有游客在《大世界》报上刊登了他的“游艺时刻一览表”，从大世界开门到深夜，一直沉浸其中。因此，游乐场受到收入较低的职员、工人以及外来人员等小市民阶层的热烈欢迎。大世界游戏场自1917年开业以来，一直是座无虚席。据20世纪30年代上海沪江大学学生对上海游乐场的调查，“范围大的游戏场，曾到过每晚八九千人的高峰”；上海社会局1946年的官方调查记载，大世界每天售票7000张，但上海大世界并没有对所有的项目都进行同一种经营方式。游客购买2角钱门票后，并不能参与所有的项目，其所谓一票制是有限度的一票制。主要有两大项需另外收费：一是大多数游艺项目，比如赌桌；二是演出水平较高的戏剧类节目，如京剧。

为鼓吹自己的游戏场，在激烈的行业竞争中获得一席之地，各家游戏场纷纷创办了游戏场报，例如新世界有《新世界》报，大世界有《大世界》报，先施乐园有《先施乐园》报等。这些小报不仅供游戏场内购阅，也在游戏场外发行，主要刊载游戏场之游艺项目及其时间地点，供入场游览者参考，其余包括电影说明书、笔记趣闻、连载小说、剧评等。以《大世

① 上海市政府社会局.上海市工人生活程度[M].北京：中华书局，1932：34.

界》报为例，这份报纸于1917年7月1日由黄楚九创办，每日出刊，分设4版。创刊初期，第1版是“大世界俱乐部一览表”，刊载大世界各游艺地点的娱乐项目时间表。第4版登国内外来沪剧团、影戏广告等与兑奖券号码。第2、3版则是小说、笔记、剧评、社论等消闲文字。与大世界游戏场中的“奇”景交相辉映的是呈现在《大世界》报端的一个奇趣世界，这主要体现在《大世界》报的“十洲世界”这一栏目中。它将其他国家与区域的各类地理、风俗、趣闻、名人逸事、格言，乃至政治内幕等编辑为趣味性的知识，如汽船的创始、世界最长的电话、飞机上机关枪的练习新法、世界最深的海等。游戏场与《游戏场》报共同塑造了以奇趣乃至奇异元素为核心的游戏场娱乐文化。

一座座游戏场的拔地而起体现了游戏场文化的兴起过程，也体现了在中西文化冲突交融的时代背景下，上海乃至全国大众娱乐业态的近代化发展过程，是中国社会发展的生动缩影。晚清民国时期，游戏场的产生和发展为上海国际化大都市的地位提供了文化上的支撑，丰富了上海市民的娱乐文化生活，同时也成为展示西方自然科学知识和西方文化的一个窗口。

第二节　游艺会

随着西方文化特别是西式教育的传入，晚清时期，中国出现了游艺会这种新文艺形式，其在民国时期广泛发展。中国的游艺会源于西方文化和西式教育，在中西文化碰撞过程中，逐渐形成了“游艺界”这一新事物。最初，游艺会只是作为一种教学辅助手段，用于丰富校园课外生活，提高学生身体素质。常州中学堂鉴于“游散时间颇多，大半消费于无谓之戏谑”，而“设一课余游艺会”，目的是让学生“各就其性之所好”，“休养精神”[①]。到了近代，游艺会开始以恳亲会、学艺会等形式走出家庭，出现于上海的教会学校。19 世纪末，最早由中国人举办的游艺会以同乐会的形式出现于寒假期间的日本大同学校。最先使用“游艺会”之名的是 1905 年 2 月 18 日的上海公共租界华童公学，“俾诸生课余之暇，藉以舒畅筋骨”[②]。在西方文化的影响下，游艺会最终在中国新式学堂萌生，相当于今天学校中的学生会和社团组织协会等，以学生为主体，将会员每年缴纳的会费作为活动经费，举办各种体育、娱乐或学术活动，为学生提供了锻炼、展示自己的舞台。

进入近代，游艺会渐渐走入社会，其目的、形式和内容也越加丰富。所谓“游艺者，是广泛地视一切娱乐的称谓，在于以趣味为中心，给于市民以消闲的方法”，游艺会则是“表演游戏及技艺之集会”。实际上，游艺会类似现代的晚会或联欢会，为了娱乐、赈灾、教育等目的，组织不同文艺团体同台演

① 鲍永安主编 . 南洋劝业会报告 · 常州府中学堂课余游艺会之大略 [M]. 上海：上海交通大学出版社，2010：87.

② 上海工部局华童公学简章 [N]. 上海：申报，1905-02-18.

出，是一种包含唱歌、跳舞、诗歌朗诵、戏曲表演等群体性、综合性的多形式文艺活动。但早期的游艺会多数秩序混乱、内容低俗。第一，在性质方面，一般的游艺会太不纯粹了，把话剧和歌舞杂耍并列，显得不伦不类；第二，在观众方面，游艺会的观众都不是来热心观剧的，到时，双簧杂耍之类能博得掌声；第三，在舞台方面，普通的游艺会都是拼凑而成，很难有比较合用的舞台，尤其是舞台上的布景与灯光是无法安置的；第四，在时间方面，游艺会不重视艺术，往往在短短的几天内，东挪西扯，胡乱拼凑[①]。可以看出，早期的游艺会存在各种弊端，不够严谨，在举办和管理上都较为混乱。

进入20世纪二三十年代之后，政府部门、学校及社会各团体对游艺会等娱乐活动越加重视，因而对游艺会的改革也被提上日程。1933年，上海市教育局对上海市各级学校举行的恳亲会、游艺会及其他集会的名称、内容、收费、时间和办会费用都进行了规定。1934年，湖北武汉戏剧审查委员会称“各校馆举行游艺会，如系公演性质，其表演节目中，有涉及戏剧范围者，应将节目剧本，送由该会审查”[②]。1935年，江西省政府对全国儿童年实施委员会的训令，对儿童游艺会的举办进行严格监管。除此之外，学校也出台各项监管政策。1929年，上海市教育局限制各校举行游艺会，要求“连续表演四小时以上之游艺会，每学年至多举行一次，每次开支不得过该校全年

① 张光年．张光年文集（第二卷）[M]. 北京：人民文学出版社，2002：157.
② 湖北省政府公告（第38期）[Z].1934：91.

办公费百分之五，不得停课预备，应于开会前一星期连同节目呈报本局核备”[①]。20世纪30年代后，在政府和学校的监管下，游艺会从内容到形式都发生了很大的改变，并且还有一个特点：在每次游艺会正式开始前，都要向总理遗像行礼并恭读遗嘱。

近代中国社会动荡，灾难频繁。校园游艺会在走入社会后，逐渐由单纯的教学辅助形式和发挥娱乐联谊作用发展成为和近代中国社会紧密联系的社会公益形式。近代中国，各种各样的社会团体由志趣相同的积极分子组建，他们经常发起组织或参与游艺会，为民众参与表达意见和展示行动提供公共空间。例如，据《申报》相关报道可知20世纪二三十年代中华妇女节制会、中华全国道路协会、中国教育电影协会等全国性的社会团体和上海的工统会、栈务工会、农民协会、扶轮社、女青年会等地方性团体都先后积极组织过各种各样且规模庞大的游艺会。1931年和1934年，北京市以救济全国水灾和冬赈黄河水灾为主题，分别举办了两次全市规模的游艺会，由北平妇女会、女青年会、妇女救国十人团等诸多团体联合主办[②]。以黑社会起家的上海传奇人物杜月笙为社会灾害救济等慈善事业举办了许多游艺活动，其中规模最大的是1921年上海筹赈各省水灾游艺大会。1931年9月，由杜月笙领头，沪绅王一亭、

① 限制各校举行游艺会[N]. 上海：申报（第3张第9版），1929-11-11.
② 市救济会昨开第二次全体委员会决先集六万元汇交朱庆澜[N]. 益世报（第10版），1931-08-30.

王晓籁等人联合发起大规模游艺大会，邀请上海各游艺场、团体、学校、名票友等在江湾叶园表演新奇艺术，吸引热心慈善和爱好游艺的市民前来购票参观，票价 1 元。游艺会虽不募捐，但接受日用国产物品的捐助，且游艺会设立的各类摊位的销售收入一并作为赈款用于救济江淮水灾。

这种社会意义的发展，使得游艺会和游艺活动成为社会大众积极参与的历史新事物。游艺会本身只是一种具有联欢性质的演出形式，“有较广大的场所，包含各种不同的、异趣的游艺，而只取收极微的人口资”。普通民众是一个十分庞大的群体，因而可以发挥规模效应。游艺会收入以售票所得为主，规模效应的产生需要以低廉的门票为基础。20 世纪 20 年代，上海电影界游艺会，正厅、楼厅、包厢的价格依次分 4 角和 6 角、6 角和 8 角、8 角和 1 元等档次，一些学校举办的游艺会票价亦相差不大。游艺会因众多普通民众的热情参与，最终在社会上形成一种潮流。济南临时难民赈捐游艺会因为所筹赈款过多，甚至需要山东省省长林宪祖“允许代为调换现洋，以惠济难民”[①]，才算方便。中华俭德会等赈济各省水灾游艺会，连续三天，“来宾计有三千余人”；上海各界赈济全国特大水灾的游艺会，连续四周，无论天阴下雨，还是烈日当空，都没影响参与者的热情。据《申报》所载，20 世纪二三十年代上海的多次游艺会，到会人数均是成千上万。有关北方游艺会规模的记载虽少，但其规模往往更大。1922 年 4 月 2 日、1925 年 4 月

① 云生. 赈灾游艺会赶办结束 [N]. 天津：大公报（第 6 版），1927-11-22.

29日的两次联合游艺会，到会者更是多达2万人。到会者有“庄严的绅士，高贵的太太，还有年青的女士男士们，钗影珠光，不啻人间盛会”①。能吸引成千上万的来宾，还在于游艺会多是“借极大的会场或公园，聚各种游艺于一体，所以游者比较普通之游艺场，拥挤万倍”②。单个民众的行动与声音是微乎其微的，但灵活的票价和巨大的场所吸引了不同阶层的普通民众，其聚焦的庞大群体所发挥的作用又是社会团体与名流难以替代的。有数据证明，普通民众在救灾救国游艺会中发挥了集腋成裘的作用。上海圣玛丽亚女校、济南各慈善团体、天津志修堂公所、上海扶轮社、上海明星影片公司、天津天升影院和北京辅仁大学等组织的助学救灾救国游艺会，收入分别1000元以上、47 000余元、629.5元、16 000余元、6000余元、368.35元和3802.56元③。当然，也有一些游艺会筹集款项所劳甚多而所筹甚少，甚有不敷开支者。但当时之所以大部分游艺会能够持续开办，仍因其募资有效。大众的参与逐渐形成了游艺界，而游艺会也成为一个具有某种确定意义的公共空间。

随着游艺会的逐渐发展和完善，其影响范围也日趋扩大，政府便利用它来表达自己的声音，以期在游艺空间的塑造中起

① 天后 . 光夏游艺会特写 [N]. 上海：申报（增刊第2版），1935-06-09.

② 参与游艺会时之种种常识 [J]. 北平：常识三日刊（第1卷），1928（69）：29.

③ 分别参见：申报（第10版），1919-06-25；大公报（第6版），1927-11-22；益世报（第3版），1929-5-26；申报（第15版），1930-09-13；申报（第8版），1931-09-02；大公报（第13版），1936-12-06；新北京报（综合版），1943-05-21.

到引导作用。1927年，国民政府在上海先后主办了军民联欢、海军庆祝北伐胜利游艺会，以感谢“上海民众对于革命军克复上海，有热烈之帮助”，“联络军民感情，共同努力国民革命运动”等。1927—1928年，河南省为使游艺会“成为革命化之艺术”，“凡诲淫诲盗迷信鬼神之剧曲”，“凡有关风化之剧曲”，“凡剧曲已失其时代上惩奸劝善之效力者”，一律禁止或停止演唱。1931年的北京市和1933年的上海市则要求游艺会“应择高尚地点举行”，以符“社会教育之本旨”，“务须合于民族思想及教育宗旨”①。政府通过主办或指令主办游艺会和管理游艺会，实际上也在塑造游艺空间的过程中加入自己的意愿，从而影响游艺会成为一个塑造民众认同的公共空间。

清末民初，中国社会激烈变动，国家观念逐渐凸显，游艺会成为激发国民意识的重要空间。当时，“学界每届五四必为盛大之运动以资纪念”。五卅惨案后，上海学生及工商界“演戏筹款，以为外交运动上之经济的援助”；天津新学书院与工商大学鉴于“英日虐杀同胞”，乃呼吁“军政协助、商工合作，励行经济绝交，以求交涉胜利”；天津扶轮小学“自沪案发愿将游艺“所得票价悉数汇寄上海，救济罢业诸同胞”。这些由社会各界举办的援助沪案游艺会无疑为当时的爱国运动创造了良好的社会氛围。

20世纪30年代，影响国家和民族命运的大事件越演越烈，

---

① 邓菊英、高莹编．北京近代教育行政史料・北平市私立学校教育处所演剧暨游艺会筹款限制办法[M]. 北京：北京教育出版社，1995：860；

组织者和主办方更加自觉地将游艺会与国家、民族的命运联系起来。“九一八”后，中华全国道路建设协会游艺会演出《一片爱国心》，并呼吁“日本侵略我国之际，热心同胞，本救灾救国之精神，不可不往一观”[①]。中华留日学生会等“为国家挽危亡计，为我人图生存计”，联合发起反日游艺大会，以“尽量暴露日帝国主义在华之暴行，启发民众爱国热情，扩大反帝国主义之瓜分中国运动”[②]；上海各界援助东北难民游艺大会被誉为“游艺救国的总动员”，并呼吁所有国人来尽“为救济东北难民游艺大会服务的义务”。长城抗战后，上海妇女国货运动委员会举行儿童节游艺会，“以唤起妇女界服用国货，并教育儿童有深切爱国救国之观念”。绥远抗战后，北平剧团联合会、天津市各校学生、北平报界同仁等组织了各种援助、慰劳绥远将士的游艺会。游艺会不仅“在娱乐中不至忘记中国危机与救国责任”，也“于无形中，教育民众成为良好国民”，而且“往往比较政治的演讲反而可以得到更大的效果”，逐渐担负起了唤醒一般大众的民族意识，“负起推动社会、指导社会、教育社会的重大责任”[③]。当时，不少游艺会逐渐“不见花枝招展者的踪迹”，而是变成了“含有革命精神的美的游艺”，是一种

① 爱国剧“一片爱国心”将公演 [N]. 上海：申报（第 10 版），1931-09-28.
② 四团体讨论反日游艺大会 [N]. 上海：申报（第 15 版），1931-12-02.
③ 吴醒亚 . 娱乐与社会教育 [N]. 上海：申报（增刊第 9 版），1936-06-20；沈端先译 . 关于游艺会的几个实际的指示 [J]. 上海：沙仑月刊（第 1 卷），1930（1）；丁守棠 . 游艺与社会教育 [N]. 上海：申报（增刊第 9 版），1936-06-20.

“带有艺术价值的革命性的表现”①。从不参加任何游艺会的辛西学社也参加游艺会，做大规模的革命宣传，以表示对国民革命的支持。

第三节　文物商业

国门被扣开之后，西方文化的入侵和东方文明的展露成就了中国文物商业一时的畸形繁荣。北京的文物商业应当是最为著名的，以至于琉璃厂几乎成了古玩业的代名词。“琉璃厂，辽时京东附郭一乡村耳，元于其地建琉璃窑，始有今名。清乾隆后，渐成喧市，特商贾所经营者，以书铺为最多，古玩、字画、文具、笺纸等次之……盖所谓琉璃厂者，已隐然为文化之中心。”② 近代北京（北平）的文物商业经历了英法联军和八国联军的两次破坏，但又几度得到恢复和发展。第二次鸦片战争后至清朝灭亡的近半个世纪内，北京古玩店铺数量快速增长。1875—1908 年，北京有 94 家古玩店开业，其中琉璃厂占 55 家。1912—1937 年间，新开古玩店达 140 户，其中设于琉璃厂 97 户。1927 年后，琉璃厂分为东琉璃厂和西琉璃厂。东琉璃厂以古玩为主，西琉璃厂以旧书业为主。上海作为近代中国屈指可数的国际性城市，自开放以来，文物商业因大量外销而

① 谷清：欢呼鼓舞中之花絮录 [N]. 上海：申报（第 16 版），1927-05-08.
② 孙殿起 . 琉璃厂小志 [M]. 北京：北京古籍出版社，1982：1.

得到了快速发展。20世纪30年代中叶，上海文物商业达到全盛时期，古玩业商户达210家左右。但1937年8月13日上海沦陷后，由于外销停滞而大量关闭。天津、西安、河南等地的文物商业也出于地理位置、历史等因素而繁荣一时。

与其他商业行业一样，近代中国文物商业也形成了比较严密的行会组织。光绪三十四年（1908），北京成立了古玩行商会，其为当时京师总商会成员之一，1929年改名为“古玩业同业公会”，1936年又成立了珠宝玉石业同业公会，1937年成立了刺绣业新民分会（1944年改称“刺绣业同业公会”）；上海的文物商业行会组织自清同治十二年（1873）后，相继有玉业汇市公所、上海市珠玉业同业公会、上海市古玩业公会、上海古玩书画金石珠玉同业公会等。此外，在文物商业比较集中的济南、洛阳、开封等城市也成立有古玩商会或古玩业同业公会。这些行会组织承担着对从业者进行统一管理，规范市场秩序，调处仲裁同业纠纷，与政府管理部门交涉等职责。近代以来，在没有正规文博院校的情况下，古玩行业通过“师承制”等途径，培养了一批文物鉴定和修复领域的专业技术人才，这些人才在中华人民共和国成立后仍然供职于国家文物鉴定委员会和各级各类相关文博单位，为中华人民共和国文物事业的相关领域做出了巨大贡献。

根据经营文物的种类和范围不同，古玩店铺可以大致分为金石文玩铺、字画铺、碑帖铺、古钱铺以及字画装裱铺等外围店铺。古玩商铺经营货物种类丰富，包罗了瓷制品（古陶、仿古瓷器等）、玉器（翡翠、珊瑚、白玉、玛瑙等）、木器、石器、漆器、书画、古铜器等。根据用途，可以分为两类：一类是考古、收藏用的年代久远的货品；另一类属于近代手工艺品，通常作为生活实用品。根据店铺的规模，则可以大致分为临街开设，有固定门面的店铺，有字号或店名牌匾，内设部门和人员比较健全；以及在胡同小巷或自家住宅内开设的店铺，大多没有字号，不登记注册，因而也不用纳税，古玩行内称为局眼户，如北京炭儿胡同即为此类局眼户云集之地，鼎盛时，曾达80余户。民国时期，上海文物商贩商铺多是中等或小型规模的形式，之后又出现了卢吴公司等大型商铺。大多数上海的古玩商人都是来自东部地区，尤其以江苏人为主，达到了上海古玩业同业公会会员人数的60%之多；其次是浙江商人；之后才是上海本地、北平（北京）等地人士。而江苏籍商人中，南京人士占到40%左右。近代亦有行商，或称为跑单帮，专为大古玩商和收藏家四处奔走，搜购文物。除专门经营古玩的店铺外，近代社会的金店、银楼、古旧书店也兼营古玩，典当业所典押的文物一旦成为无人赎回的“死当”，也会邀集古玩业的经营者竞价购买，间接从事古玩经营活动。

根据经营文物门类的不同和社会关系，古玩店铺有不同的进货渠道。最常见的文物来源是上门送货，主要是家道中落的大户人家，多为传世精品。古玩店铺为巩固货源，还经常会给前来送货的仆人支付好处费或跑腿钱，鼓励其多送货、送好货。上门收购的方式往往以文物收藏丰富的大户为主要对象，古玩店店主在探知确切消息后，经常亲自出马。不知文物价值的人家往往将文物置于旧货铺或到各地的晓市（鬼市）出售，有眼力的古玩商人时常会去淘宝，从中获得意外收获，即俗称的捡漏。同业公会等行会组织指定的文物市场或大收藏家、典当业举办的文物卖场也常常会统一竞价采购，这种形式通常适用于大宗文物货源。收购出土文物也是古玩业最为重要的货源渠道之一，在近代中国文物法制不尽健全、法规贯彻落实也不到位的情况下，出土文物最终往往都流向各大城市的古玩店铺，只有很少被查获的出土文物有幸被收归国有并进入博物馆。为抢得先机，许多古玩店铺还会在河南、陕西等地下文物埋藏丰富的地区设立有分号或雇请专人长期驻守，随时收购出土文物。

文物商业较之其他商业行业，文化氛围相对浓厚。由于高昂的价格、对文物艺术的鉴赏能力要求，古玩的消费人群注定是少数。20世纪之前，国内的古玩消费者主要是官宦、贵族等具有较高文化水平和艺术修养的官绅阶层。比起文物的商业价值，他们更注重古玩所带来的精神上的满足，因此，他们所收藏的文物质量都会超过一般水平。收藏者之间还经常举办活动，进行以藏品为主题的交流会。如果各自的收藏品为对方喜爱之物，还会互相交换，“既能增长学识，又能获利，一举两得”。清朝末年，近代中国的社会名流、军政要员和文人学者等士绅阶层依靠强大的经济、政权和军事力量而成为古玩市场的主要消费者。他们往往都有收藏、鉴赏文物的传统，或为学术研究，或为修身养性，或为附庸风雅，闲暇时经常出入厂肆搜购文物，与古玩业者交往密切，因而古玩业在社会名流和文人学者中有着紧密的业务往来和广泛的人脉。于是，在当时时局动荡、政府软弱、博物馆尚不普及的情况下，古玩商大量收购文物使之免受损害，同时也促进和带动了一批职业或业余收藏家的出现，实现了“藏宝于民”，相对安全、妥善地保存了许多珍贵文物。此外，许多近代古玩商自身就是资深的文物收藏爱好者，积极投入抢救、收购和保管珍贵流散文物的事业中。1918 年，美国人串通陕西地方当局企图盗走昭陵六骏中的剩余四骏，被民众发现后，由爱国商人带头，在潼关截下了文物，并迫使陕西督军出面维护，将四骏收入西安图书馆。部分爱国古玩商人呼吁政府，甚至自发组织抢救保护有损毁或流失境外危险的文物精品的义举，使得许多珍贵文物在乱世之中得以幸存。

除了国内的购买者，清末民国时期，国外购买者的身影也逐渐出现在古玩购买市场中。1860 年的英法联军侵华战争和 1900 年八国联军侵华战争导致大量的中国文物和古董被侵略者掠走，流向海外市场。民国时期、抗战时期和内战时期的长期战乱也使得许多珍贵的古玩被海外购买者以低价甚至免费收走。上海卢吴公司是近代中国最大的文物出口商，其先后做过“法国庄”“美国庄”，并设有纽约分店，专门为海外古玩商大规模地搜罗中国古代艺术珍品并非法出口。20 世纪 40 年代中期至 50 年代初期，卢吴公司及其主要代理商累计出口青铜器、陶瓷器、名人书画等各类珍贵文物上万件。从客观上讲，虽然近代中国大量文物外流的现象有外敌入侵、连年战乱的因素，也有中国政府积贫积弱、没有作为的缘故，但古玩行业同样也是难辞其咎。作为文物外流不可或缺的中间环节，古玩商人见利忘义，将非法获得的文物“洗白”后，再销往国外，不仅导致大量珍贵文物外流，在获取、运输过程中也造成许多文物受到不可恢复的损坏。1934 年 10 月，美国人与北京炭儿胡同彬记古玩铺签订合同，盗走河南洛阳龙门石窟中的北魏浮雕《北魏孝文帝礼佛图》《文昭皇后礼佛图》等珍贵文物。由于盗割技术不到位，致使浮雕被凿成碎石块，经过修补后，虽然勉强成型，但其历史和艺术价值损失已经不可估量，甚至由于没有对上碴口而无法修复的碎石还有两大箱。[①]

中国近代文物商业的畸形发展和繁荣也催动了文物作伪盛行，致使赝品大量上市甚至出口，一方面是古玩商人为牟取暴利；另一方面也是为了适应客户特别是国外市场客户的特殊要求。中国文物作伪由来已久，古玩行有“十彝九伪”之说。明末清初，文物作伪又分为南北两派，各有代表人物和代表作品。及至近代，北京、苏州、西安、山东潍县等地成为文物作伪的中心，并且高手云集。随着西方先进科学技术的传入，作伪技术也与时俱进，有了很大提高。例如用拓本照相制版及化学药品腐蚀方法做青铜器伪铭，就比过去錾刻的伪铭要逼真得多，“非仔细辨识，不能识其伪”。由于外国收藏者喜好新奇的器形和纹饰，致使伪作新奇青铜器器形与纹饰也兴盛起来，根

① 陈重远 . 解开《帝后礼佛图》之谜 [N]. 北京：中国文物报，1998-02-25.

据各国收藏家的不同癖好，还有所谓西洋装、东洋装之分[①]，致使外国博物馆收藏的中国文物特别是青铜器中也有不少赝品。除青铜器外，其他类型文物的作伪造假亦颇为兴盛，如山东掖县的古玩商刘氏、黑氏以出售《郑文公下碑》及其他北朝摩崖拓本为业，由于原摩崖拓制不便，其就在家中用砖石仿刻或石膏翻模拓制赝品，远销四川、陕西等地。洛阳一带仿制唐三彩颇负盛名，甚至有的知名古玩商人也时有着道受骗。20世纪30年代，广西有关部门搜集太平天国史料时，就有杭州古玩商人借机伪造大量太平天国铜钱出售。

因此，许多老字号的古玩商能够经历近百年的天灾人祸而继续存留下来，主要原因之一就在于其注重商业信誉，讲究诚信经营。如上海金才记古玩店声明，如所售古玩被确认为赝品，则接受退货并照价补偿，因而成为国内外古玩爱好者所熟知的中国古玩商，并且生意兴隆。开封群古斋确立不收赝品的准则，如果对所收购文物的真伪没有绝对的把握，均入藏不售，确认为赝品后，也留存店中，用以激励员工提高鉴定水平。在近百年的发展中，文物商业领域也形成了一些独特的行话，用在鉴定、交易和品鉴时不太方便直接表达的情况下。比如“软片”指的是历代名人字画，而“硬片”则代指历代名窑瓷器，珠宝翡翠则由“红绿货”表示；内行人士帮助外行鉴定文物，称为“长眼”，“撬货”指的是古玩业经营者以普通顾客的身份到同行店铺中购买文物；“卖公盘”指出售大宗文物时邀

① 李先登．伪作青铜器简述[N]. 北京：中国文物报，1999-04-14.

请有实力的古玩商人公开竞价，如果出售的是小件珍贵文物并由中间人牵线，买卖双方私底下讨价还价，则称为“卖私盘”。

第四节　赌博类娱乐

一、近代赌博与休闲

晚清社会，不少人热衷赌博。道光年间，“上自公卿大夫，下至编氓徒隶以及绣房闺阁之人，莫不好赌”。同治时，“扬州赌风最盛”，北京、广州、武汉、天津等大城市，赌风也是越刮越盛。流行的赌博形式五花八门，如麻雀牌、花会、纸牌、骰子、摇摊、马吊、牌九、围姓以及斗鸡、斗蟋蟀等，差不多各省都流行着一种或几种样式。自开设租界以后，外国冒险家将洋式赌博引进中国，使中国的赌业发展到新阶段，不但原有的各种赌博形式继续保留了下来，还出现了赛马、跑狗、“回力球”“摩洛哥蒙特卡洛大轮盘赌”等大型赌博形式。由于利益所趋，赌博之风越发难以控制。1867年，新任苏松太道丁日昌下令在辖区内禁赌，禁令虽严，但是一些不法的赌场老板干脆挂出外国招牌，以期掩护。同一年，港英当局因为禁赌命令名存实亡，只好宣布开赌禁并照章纳税。1884年以后，清政府索性开禁，使赌博合法化，成为国家正式的税收来源。从此，赌博成为晚清最严重的社会瘤疾之一。即便所谓的学界，也不可避免地沾染了游戏享乐之风。特别是1912年以来，各通都大邑交流越发方便，奢侈风气有增无减，聚会结社更是一种休闲消遣传播信息的绝佳途径：“今之沪上，一般士人无论学界或商界，每有聚数十同志创为俱乐部者。……麻雀也、牌九也、鸦片也、酒食也、叫局也，群居终日，言不及义，少年子弟趋之若鹜，乐而忘返。……是直秘密之销金窟耳。”①

赌博陋习在中国源远流长，晚清时期，赌风盛极一时，形式和种类也较前发达，但其中不乏舶来品。“美国人某运赌钱机器若干具来京，遍置名胜景区、酒楼歌馆，如城内之余园、隆福寺、外国妓馆，城外琉璃厂之玉壶春等处，皆有其机，内设活轮，间以五色，有针分指，投钱某色者，必针指某色始胜。胜者如其应得之数，钱自流出，不由人力，群诩为公道。”② 在北京“琉璃厂土地祠内，有某国商人开设转彩机器，赌客甚众。又丰泰照相馆旁，有摇彩机器箱，赌客亦不乏人。此等赌法，与抽签、掷鹘不同，故官场并不过问也”③。这种赌博机器在其他城市也不少。

赌博之风到了1912年甚盛，“南京全境，无地不赌，无人不赌，无时不赌，俨成一赌世界”④。

“改革以来，自由之说风行一时，礼义廉耻久为时流所不屑道，行将束诸高阁，充作谷物陈列矣。”⑤ 整顿风化呼声一片。

① 新发明之俱乐部 [N]. 上海：时报，1913-05-09.
② 大公报 [N].1902-07-17.
③ 大公报 [N].1903-02-07.
④ 南京之社会现状如此 [N]. 上海：时报，1913-06-22.
⑤ 闲评一 [N]. 天津：大公报，1916-03-20.

图 8-1　街头赌博

1913 年国会成立后，舆论曾指责当时的议员是“嫖议员、赌议员、烟议员、疯议员、瞌睡议员、哼哈议员、武小生议员、三花面议员……”①

赌博是存在于一定社会阶段，与一定的经济、文化相联系的公害。民国年间，社会风气之坏加剧了人们的投机心理，暴发户和新贵的产生刺激了穷奢极欲的生活方式。各地赌风难禁，广东尤甚。曾有饶国涛等人联名上书行政公署，请弛赌禁：“禁赌虚名也，失巨大可靠之饷源实害也。”②还有人认为“赌亦游民栖身之地。广东有赌则广东之游民可依赌以谋食”③。有的还认为弛赌禁可以解决广东纸币膨胀。从 1913 年底到 1914 年 3 月，弛赌禁与禁赌两种意见纷争不已。1914 年 1 月

① 闲评二 [N]. 天津：大公报，1913-08-06.

② 广东赌禁问题 [N]. 上海：申报，1914-01-20.

③ 邝兆萓之计不行 [N]. 上海：申报，1914-01-07.

到3月底的《申报》连续发表了《广东请弛赌禁问题》《粤人对于弛赌之痛言》《粤官商争持中之禁赌问题》《粤赌商果绝望耶》《旅京粤同乡痛论赌害之文电》等多篇文章对此进行讨论。但弛赌禁没有实现，禁赌也没有效果，官场“开筵坐花”“又复大叉麻雀”等消息频现于报刊，正如舆论指出：“官府严禁赌博，对人民雷厉风行，监禁者有之，罚办者有之，而官署深处，依然呼卢喝雉，此固人人所知，而亦人人所不敢过问者也。”[①]广东当局虽然没有承认弛禁主张，但是赌风一直未减，许多地方“赌博遍地，绝无军警过问”[②]。

1915年3月30日，袁世凯发布命令：“一曰戒偷惰……二曰戒瞻徇……三曰戒奢靡。民力拮据，国债窘迫，应痛惜金钱，谨防供无名挥霍。四曰戒嬉游。官吏赌博为今日恶风尤著者。希望官吏自新，长此不改只有执法以绳。”[③]但各地依然未见收敛，如山西省盛行麻雀：“上自政界，下及学校学生、商贾无赖，呼卢喝雉，日夜竹战，凡具势力者，巡警不敢过问”，此地“大逛坤角”“捧场往来者俱是阔人，如某行某厅某校某监中人”[④]。在北京，自袁世凯“令下至于今此数日中，京中外人所开之酒肆、洋行间呼卢喝雉之声已渐寂无闻。唯近又闻有一变而聚集于某大员、某部员公寓，名为宴会，实则通宵达旦，仍复豪赌如故。并闻已为某肃政所闻，预备弹劾。且此项恶耗更有人于昨日

① 闲评一[N]. 天津：大公报，1914-11-25.
② 粤省之贿[N]. 上海：申报，1917-12-27.
③ 命令[N]. 上海：申报，1915-04-02.
④ 山西社会之嬉荒[N]. 上海：申报，1914-04-08.

特为走告此赌大人、赌老爷。当时曾因之一人误打红中，致闹一三翻，于是群起相攻。可怜斯走告者竟遭逐客之辱，饱看四人白眼，懊丧而去。而赌大人、赌老爷犹复愤愤未已”。又闻某肃政上书，谓每至星期六日，嗜赌大员均乘车赴津寻乐，请于此时传见该员，若以病相辞，则务派亲信前往验病，如此则“无可规避，嗜赌之人自然不敢再犯”[①]。当然，这一招也未必有用。禁赌令颁布一月后，某些官僚不敢再赌，只在星期日密约同类在私寓或会馆消遣。而豪赌之人如某部长、总长、买办虽不敢如前赴天津嫖赌，但仍借东交民巷某店、使馆、银行为聚赌地。某肃政得悉踪迹，前往侦察，只见门前车马塞途，因某显者在内宴客而无从下手。“近来，拿获犯赌者皆下等社会中人，而高级机关、路局、税局牌声隆隆，无人敢过问。”[②]袁世凯的“四戒令”虽无实效，但也引起了一些反响。财政总长周学熙亦称以“不嫖不赌不要钱”为准则[③]，并警戒部属不要嫖赌。当时，京中能做到“三不主义”者微乎其微。

地方亦如此。较之广东禁而无效，广西则肆无忌惮。为筹军饷，广西都督继续提倡赌捐，因而“赌风大盛，遍及桂林及外县，贻害民间莫此为甚，官场初仅见城外开赌，以致城外悉成赌穴。今则公然允许赌商在通至城门各大街开设赌馆，东门外昔为商埠者今皆改为赌馆，雇工修造，唯恐不速。而原住

① 申令后之都门官吏赌兴谭 [N]. 上海：申报，1915-04-08.

② 京师要人之赌兴 [N]. 上海：申报，1915-05-05.

③ 周总长之三不主义 [N]. 上海：申报，1915-07-20.

该处之商人则已得优厚之迁徙费而他适矣！赌害甚烈，兹虽为日无多，然受害事件已不可胪述，轻则店伙因赌亏空，累及主人，或店主嗜赌倾家破产，重则鬻卖子女，甚至自戕，此种情事屡见不鲜”[①]。旧桂系公开弛赌禁，造成赌风泛滥，引起各界不满，纷纷要求停征赌饷，禁绝赌博。省议会向北京参众两院请愿，要求制止广西赌祸：“赌之流毒为祸最烈，其泛滥等于洪水，其传染无异时疫，此固有识者所认同，亦执政者所宜防观”，“广西今日竞行开赌诚所不解，计自去年冬迄今将及一年，穷乡僻壤历不赌馆林立，赌徒麇是驱，我八百万同胞无贵贱贫富老少男女相率而入于赌之旋涡”，“广西赌风盛于他省，前清厉行禁止赌祸得庆稍息，民国初年中央暨本省长官恐死灰复燃犹时颁禁令，乃前则曰赌匪今则曰赌商，前则拿办今则保护，前后命令背驰，若是在官厅既以命令为儿戏，人民将视命令为具文”。为维护“法律之尊严”“命令之信用”，挽救“国民道德”和“国民生计”，“广西之赌博不可不禁”，“迅赐提议将广西赌博一律禁止”。广西籍国会议员马君武等人也向参议院提出“禁绝广西赌博建议案”，岑春煊、陈智伟等人联名致电桂系当局，要求停办赌捐，遏制赌风，电文称：“前以广西缺饷设立公司筹办赌捐瞬及一年，惟是广西地瘠民贫，因赌败产匪患日多，现在倒袁事峻，此等不得已之举亟应停办，特此奉恳务祈设法取消。”各界呼声高涨的禁赌要求却遭到广西督军陈炳焜的拒绝。陈炳焜电复岑春煊等人，振振有词地为其弛赌

① 桂林弛赌禁之害 [N]. 上海：申报，1916-10-10.

禁辩解："广西军政各费经历任厉行裁节以至于出入不敷犹在二百万元以外，此次军兴与善后尚不预焉，中央既无涓滴之资相助，地方又无丝毫之款可筹，谋及赌捐是讵得已，现计此项饷捐年可增收百万，诸公热心硕望桑梓关怀，如承指示另有可筹之款年约五六十万元者，则焜曷敢不以诸公之志为志。"弛赌禁是旧桂系当局有计划实施的，作为维护统治运转的重要经济手段，因而其不顾各方反对，一意孤行。以上是旧桂系烟赌禁政的大致情况。陆荣廷执政之初是曾经禁烟禁赌的，虽然有过一些成效，但很快就发生变化了。禁烟方面虽然没有公开解禁，但实际上是放纵烟毒。禁赌方面则公开弛禁，征收赌饷。旧桂系禁政为何有如此大的变化？首先，民国初年，旧桂系政权还不稳固，社会还动荡激烈，尤其反对陆荣廷的势力、革命党领导或影响的民军都还很活跃，刘古香、刘震寰等人还策划武装反袁反陆等。面对这样的形势，旧桂系不能不在施政方面谨慎行事，做出一点进步的姿态，不敢断然废弃连清政府都不得不实施的烟赌禁令。1913 年，袁世凯镇压孙中山"二次革命"后，形势大变了。陆荣廷追随袁世凯，镇压革命党，借剿匪之名，大肆剿杀民军和各种反陆武装，迁省南宁目的也达到了，威胁旧桂系政权的势力基本清除，统治得到了巩固。这样，那些"进步"的形式（禁烟禁赌）对旧桂系来说已不重要了。这是旧桂系禁政变质的一个重要原因。

二、麻将与休闲

麻将的基础花样源于明代的纸牌“马吊”。麻将在庚子事变后，因王公大臣的嗜好而南风北进，开始在京津地区流行起来。清咸丰、同治年间，宁波一闻人陈政钥（字鱼门）与英国驻宁波领事夏复礼相交甚笃，迁居至江北外国人留居地内，并教会了英国外交官打麻将。此时的麻将是陈政钥根据叶子格和马吊的基本花色和牌九的基本形式新创的一种骨牌博弈方式，而后从宁波传到了全国各地。

在1912年之前，麻将已经造成了很大的社会影响，成为人们日常生活中常见的娱乐活动。“往时博具曰纸牌、曰骨牌、曰掷骰子、曰压铜钱宝类，皆单简。清末适麻将输入，闻者无论城乡男女如蝇逐臭、如蚁赴食。输入甫二十年，县市几家有其具，即刚正无嗜好者，老年无事亦籍此为消遣物。习俗移人，疾若风草。外此，牌九、扑克、跑副等名，但不甚多。”[①]“逮宣统末，雀牌始输入，今甫十年。县郭一隅，几于户有其具，甚至至议创立雀牌俱乐部，雀牌之外，复有扑克，然不甚多。”[②]“湘省博具大率相同，而使用之方法与嗜好之偏僻，则随地殊异。”

可以说，麻将本就是民间一种亦赌亦乐的消闲工具。麻将有各种质地，近代有人取古人寓教于乐之意，设计了一种以英

① 王熛．安乡县志（第十六卷）[M]. 手抄本，民国25年：567.
② 田兴奎等．慈利县志（第十七卷）[M]. 铅印本，民国12年：538.

文字母和阿拉伯数字的新牌。《大公报》云："某志士悯麻雀牌之风之披靡也，思以改良之法，输入文明之途，独出心裁，创制新牌。以英文二十六字母镌刻牌面，每牌一字，每字四张，计百四张。再益以英文一至九数目字各四张，计三十六张，两共百四十张。与原有之一万至九万，一条至九条，一饼至九饼，东西南北中发白，加花四张之数适合。其配合法即以三字拼音变化为用，参用两字及四五字拼法，以便习练。其专以数目字拼合者，即为清一色，余可随人自定。此法一出，改腐败为文明，游戏即是学问。此君可谓异想天开矣[①]。"

图 8-2　清末聚众搓麻将

清代律令虽明令禁止赌博，但当时赌风日盛，此公能在当时情景下，取古人寓教于乐之意，改良麻雀牌，让人在赌博之中得点教益，可谓用心良苦。上至王公，下至百姓，无不沉溺于"方阵之战"，各级官吏嗜赌成性，甚至"朋僚宴集非此不欢"[②]。

① 大公报 [N].1905-05-06.

② 赌风仍炽 [N]. 天津：大公报，1904-08-18.

1902年，在北京，“园馆居楼以及鞠部教坊，宴客则概以射雀为戏”①，上海游客又有人以《沁园春》调，咏上海游客，亦甚刻酷：“何处开心？抽鸦片烟，叉麻雀牌。看青莲阁上，一灯对吃；小花园里，连副三台。双马车来，一家春去，叫倌人悄说衷怀。”②

根据1912年《湖南民情风俗报告书（二）》记载：“麻雀牌十年前湘中尚无此戏，盖几年有宦商及苏扬娼家传来，而流行日广”，“长沙、常德、岳州滨临湖湘，交通利便，新博戏之输入先于各属。近年麻雀之风披靡全省，然实起自长、岳，波及他郡。一局之输赢少或数百，多者千金”，“平民因之破产，奸人从而生心，则赌又盗贼之媒孽也。签捐彩票通行市面亦赌博之一端。近年厉行遏制，张皇文告尚可剪除，而一般赌害未能廓清而扫荡之，其为害于社会正非浅鲜也”，这类非正当娱乐的影响范围之广、负面影响之深可见一斑。

在晚清之际，麻将游戏是不断被“正经化”的。这一表述是否准确，仍有待商榷，其一针见血地指出了基层社会公共空间内“男性叉麻”现象的普遍化。在北京城古玩市场廊坊二条，一群闲民在一家玉器铺内“天天招聚”，“没黑间带白日”地大赌麻将牌，引起了地方报纸的关注。从报道所附的图画看来，这些男性玩家显然属于富有群体，画面上硕大的吊灯、众多

① 赌风日炽[N].天津：大公报，1902-12-21.

② 汪康年.近代稗海(第十一辑)·汪穰卿笔记[M].成都：四川人民出版社，1987：535.

围观的看客共同勾画出一幅嘈杂拥挤的聚众搓麻将赌博图（见图 8-3）。一方面由于打麻将常被文人称为“竹战”“竹戏”，画面背景中的一幅竹图即暗示了这一别称；另一方面则又隐含着“君子雅人”“不可一日无此君”的讽刺。随着近代中国女性家庭、社会地位、角色的转变，麻将桌上的女性紧随其后，也像男人们一样组成自己的交际社团，并渐渐跨越了传统世俗道德的种种规范。其中最典型的就是由富豪家庭闺秀组成的女总会。从《新水浒》《续海上繁华梦》等晚清小说来看，在女总会中，男女同台叉麻雀是家常便饭，而且往往会引起恶性赌博、通奸吊膀。钱锺书在小说《围城》中曾对打麻将的“禁与反禁”有段传神的描写，三间大学的教员在汪处厚家中聚餐，方鸿渐偶然提及汪太太说过打牌以供消遣，校长高松年立即板起脸来，摆出一副要纠察谁玩麻将的姿态，提出“抗战时期大学师生的正当娱乐”来敲点汪处厚，不料汪太太恃宠撒野道：“索性闹穿了，大家正大光明地打牌，免得鬼鬼祟祟，桌子上盖毯子，毯子上盖漆布……我待得腻了，让李梅亭去闹，学生撵你走，高校长停你职，离开这地方，真是求之不得。”最终，这场争执在高校长的“tut!tut!tut!”声中不了了之。可以直观感受到当时“男混女杂，通宵大赌”的热闹景象。对于牌桌上“长幼不分，男女混杂”“无男无女，无昼无夜”[①]的现象，传统社会的反应可谓非常强烈。在民国时期的许多文学作品中都能看到与麻将游戏相关的文字。出版于 1947 年的小说《的笃戏》

① 姜泣群．朝野新谭（第三编）[M]. 上海：光华编译社，1914：68-70.

对某县党部书记长家的小客厅有段特别的描述，这个小客厅正是书记长家张太太约人打牌的娱乐室："他们又是在这个小客厅里——上首正中仍旧挂着委员长的五彩半身立像的小客厅里，打起牌来了。"当张太太担心家里来访的女政工队员会告发她们打牌时，站在一旁的书记长说道："这是家庭娱乐哟！有什么关系？——她敢吗？"[①] 小说作者刻意在牌桌上方布置一幅蒋介石的画像，自然有讽刺官场腐败堕落的寓意。

图 8–3　男女混搭搓麻将

① 张羽裳 . 象棋竞赛会实施报告（第 1 卷）[J]. 民众教育通讯，1931(1)：9.

图 8-4　民国女性搓麻将

三、打扑克等休闲

扑克起源于中国古老的纸牌游戏叶子戏。明清时期，叶子戏成为当时盛行的一种博戏形式，主要分为印有骨牌图案的骨牌叶子和绘有铜钱、钱索和人物形象的马吊叶子，也就是所谓的马吊牌。由于马吊牌变化繁多，有很强的娱乐性，深得当时人们的喜爱。据说传到欧洲后，马吊牌演化为桥牌，再传回中国，就是现在人们熟知的扑克牌。

在传入中国后，扑克曾一度有取代麻将之势，被讽刺道："纸牌骨牌一概丢掉去打麻雀，于今麻雀又将扔掉，人皆趋向扑克，这算是俳句的花样翻新，是赌博的进化。可惜那学校的教科书无此等花样教育的思潮，无此等变化。"[①] 尽管最终扑克

① 赌博的进化 [N]. 天津：大公报，1919-09-16.

还是没能取代麻将，但这种新的博戏形式还是被人用于赌博并广泛传播开去，造成了巨大的社会影响，“商家打扑克的从前只有些店借此抽水做一种营业商的收入，现在因为商务萧条，商人闲暇的很多，初时借它消遣，继则恃它营生，受害的自然不少。一般无耻的商店不顾这些利害，引诱多人终日聚赌……从前喜打麻雀牌的店主，现在一定喜的那时新的扑克，就一定知道那抽水的办法，也来仿照办理，所以商家的扑克机会成了一种普通的营业”①。

其余的赌博种类还有不少，比如斗蟋蟀，虽然其历史十分悠久，但近代时期的社会影响远不及麻将和扑克。早在《诗经》中，就有“七月在野，八月在宇，九月在户，十月蟋蟀入我床下”“蟋蟀在堂，岁聿其莫。今我不乐，日月其除。无已大康，职思其居。好乐无荒，良士瞿瞿”的诗句。但最先对斗蟋蟀进行记录的是宋代顾文荐的《负暄杂录》，“镂象牙为笼而畜之，以万金之资付之一喙”，称“其来远矣”。斗蟋蟀开始为宫廷之乐，之后才传于民间，成为官绅阶层和风雅之士的一大乐事。1949 年前，北平庙会上的蟋蟀市场，摊贩少则几十，多则数百，人来人往，老少皆有。一入秋天，京郊周围田地、草丛、乱石堆和废墟当中，捕捉蟋蟀的人成群结伙，兴致之浓不亚于打猎和钓鱼。北京平民百姓斗蟋蟀大多数属于娱乐性质的，早年规定以二十四罐为一桌，即一组。斗前先比较双方蟋蟀的体形大小，蟋蟀的个头大小相当，才能放入盆中一决雌

① 商家扑克 [N]. 天津：大公报，1919-09-22.

雄，不是同一等级的不相斗。斗蟋蟀多数以月饼、花糕、水果等食品为赌注，胜利一方的主人及围观者均可以大饱口福。山东宁阳斗蟋主要以宁阳泗店镇为中心，远及东疏、乡饮、伏山、磁窑、华丰等地区。宁阳县是中华蟋蟀的摇篮，这里名虫辈出，自古以来，酷爱此道者甚多，民国年间，蟋事也并不停歇。

清末民初时期，许多茶馆的茶客有斗蟋蟀的爱好，于是茶馆投其所好，为茶客提供方便，让茶客做到饮茶与斗蟋蟀两不误。茶客在轻松的环境中品茗，听听各种鸟叫虫鸣，探讨着蟋蟀经，久而久之，有些茶馆就发展起著名的蟋蟀茶会了，甚至演变为闻名遐迩的蟋蟀市场。这种情况在全国极为普遍，极为流行。清代的北京，旗人晨起后，闲散者多赴茶馆饮茶，茶馆中，“秋冬之间，有携葫芦若干而至者，内盛蝈蝈、油葫芦。油葫芦如蝈蝈而微大，亦以翼鸣，一虫鸣则皆鸣。此种虫鸟有为本人所蓄，有为世家大族所蓄，令其仆人带至茶馆以夸耀于人者，名曰‘把扯’，专司其事”。茶客也在茶馆中“至中秋节前后，斗蟋蟀之局，输赢至钜。斗罢记之帐簿，不敢写钱，写月饼几斤，按上等月饼算钱”[①]。到了秋天，上海著名的楼外楼茶楼则是斗蟋蟀赌输赢的地方，一次输赢在 100 ~ 500 串之间，甚至高达千串以上。斗蟋蟀的人来自省内四面八方[②]。民国时

① 陈恒庆．近代史料丛刊·谏书稀庵笔记 [M]. 台北：文海出版社，1964：154.

② 冯祖祥，姜元珍．湖北茶馆 [J]. 农业考古，2004(2)．

期，每年中秋过后，浙江海宁硖石镇三和馆茶店就是人们斗蟋蟀的场所，同时也是蟋蟀市场，镇上的蟋蟀爱好者三五成群到这里喝茶斗蟋蟀[①]。除了茶馆之外，湖南《大公报》记载："樊西巷仁美园前梨园内，月来每天上午十时起至下午五时止，一般人在城厢内外四处搜寻蟋蟀，携往该处争斗，无有歇止。旁观之人极为复杂，日昨被警亭查悉，以其有碍秩序，并闻形似赌博，输赢甚大，因而倾家荡产者亦多。"[②]

除了斗蟋蟀本身的输赢外，养斗蟋蟀的选盆用器也是至关重要的。俗语道：玩虫一秋，玩盆一世。北京琉璃厂老古玩商中曾流传着这么一句话："六只子玉蟋蟀罐换一对道光官窑粉彩龙凤碗"，由此足以看出一只名家之作的蟋蟀罐的价值。罐为大件，一般是陶制的，南北窑场均有烧造。其中赵子玉制作的蟋蟀罐在清末民初就值百八十现大洋（一块现大洋约等于如今500元）。一般用于饲养蝈蝈的虫具是葫芦，据《蝶阶外史》载，咸丰时，北京已有专做蝈蝈葫芦的太监。葫芦器具可分两大类：一类是用成熟后的葫芦加工成形态各异的器物；另一类是将模具套在正在生长的嫩葫芦上，使其长成与模子完全相同的样子，也可称为范制葫芦器。葫芦虫具除去葫芦本身外，还讲究口和盖，锯掉葫芦的上半部，配上紫檀、红木或象牙的口，再配上玳瑁、虬角或象牙的盖（也叫芯子），养蝈蝈的还要在口内装一个用黄铜丝盘成的胆，这才算是一个完整的葫芦

① 郎慕中．江南水乡茶馆风情 [J]. 农业考古，1998(4)．

② 仁美园边做蟋蟀战场 [N]. 天津：大公报，1924-10-05.

虫具。

与斗蟋蟀一样，斗鸡的历史可以追溯到春秋战国时期。《史记》和《汉书》上多处记载有关斗鸡走狗之事。在唐朝，斗鸡算是普及率非常高的运动，不光在民间有着大量拥趸，即便是在皇室贵族中，也大受欢迎。唐代文学家陈鸿《东城老父传》记有："玄宗（712—756）在藩邸时乐民间清明节斗鸡戏，及即位，治鸡坊于两宫间，索长安雄鸡，金毫、铁距、高冠、昂尾千数，养于鸡坊。"可见当时斗鸡的风气之盛。《全唐诗》提到"斗鸡"一词有50余处，其中把"斗鸡"与"走狗"或"走马"连用或对应的就有近10处，其赌博性质显而易见。《神鸡童谣》写道："生儿不用识文字，斗鸡走马胜读书。贾家小儿年十三，富贵荣华代不如"，指的就是"神鸡童"贾昌因善于驯鸡、斗鸡，深得玄宗宠幸，享尽荣华富贵。

中国民间斗鸡盛行于多地，漳州斗鸡、吐鲁番斗鸡、山东斗鸡和开封斗鸡，并称中国四大斗鸡。其中，人们多以开封斗鸡作为中原斗鸡的代表，原因之一在于开封气候适宜、五谷齐全；另一个原因则是在严格精心的挑选和培育下，开封斗鸡具有威武雄壮、性烈凶悍、宁死不屈的特性。清朝年间，开封周王府的废墟北端筑起了满家旗兵营即满洲城。在没有战乱、社会安定的情况下，八旗制度的建立，使得许多八旗子弟无所事事，于是凭借政治特权，其掌握了开封斗鸡的精品，并且把大量时间和精力花费在斗鸡的喂养和训练上，获得"宫廷斗鸡"的雅称。随着清王朝的覆灭，八旗子弟的经济情况和社会地位急转直下，满族人的优良斗鸡也相继流入民间，斗鸡真正成为广泛的民间游戏。近代时期，开封斗鸡的派系根据各罩鸡的分布地段，形成北头派、西头派和东头派。当时各派都有自己的优良鸡种：北头鸡以骨骼坚实、出击有力而闻名，西头鸡以细致灵巧著称，东头鸡以善打腿稳、耐力好出名，三派势均力敌，各有特色。

此外，近代社会还出现了彩票。最早的彩票大约是在19世纪70年代传入我国的，到20世纪初彩票已经风行全国。起初，中国的彩票市场为菲律宾彩票所独占，中国商界将菲律宾彩票称为吕宋票，而民间又有白鸽票之俗称，“谓如白鸽之飞去而不还也”。当时就有人因此而作诗咏道：“彩票公司利最丰，始从西国久成风。头标巨万人争慕，如赌抽厘助主翁。”吕宋票由侵占菲律宾的西班牙殖民当局所发行，行销世界各地，而以中国为主要市场。很快，周边地区的一些洋彩票出现。小说《海上花列传》中提及的石路的祥发吕宋票店便是彩票店。1899年，广济公司亮相，各地竞相攀比，彩票公司林立：“不转瞬而德国皇家彩票、江南义赈彩票纷纷而至。”[①]1901年1月，商人黄秉璋在直隶总督李鸿章的支持下，说动顺直善后筹赈局，在上海附设普济公司，发行顺直义赈彩票。其第一会额设1万张，每张售价3元，头彩8000元，1月28日售票，6月1日开彩。有的城市彩票店甚至超过商店：“（武昌）此间售卖富签彩票店铺甚多。每一大街，长不过二百码，而售彩票

① 论彩票大有害于实业 [N]. 上海：中外日报，1903-08-29.

者，竟有四家。凡彩票之店，装饰华丽，颇动人目。”① 除了彩票店之外，杂货铺、卷烟店等小商小贩也代售彩票；小民百姓所思、街谈巷议的内容也多是彩票事。1903 年，有记者描绘江南社会风俗图时写道：“大街小巷，招牌林立者，售彩票之处也；儿童走卒，立谈偶语者，买彩票之事也…… 开彩之期，人心皇皇，犹之乎乡会试之出榜；对号单既到，万头攒动，犹之乎题名录。” ②

但在清末，彩票并不受当局支持。1902 年底，直隶总督袁世凯奏请停办普济公司的顺直义赈彩票；1903 年，其又在直隶取缔一切私人彩票。1912 年以来，社会控制减弱，彩票勃兴。1912 年，温州发生灾疫，上海、浙江等地纷纷筹赈，出现了轰动一时的“赈灾美人券”，一陆姓女子“自愿舍身救济，发起救灾美人票，额设三万张，每张一元，定期开彩，得标者不论老少贫富，粗细妍媸，即为女子之夫，并提出奁资五千元，其余一并充赈”③。褒贬声鹊起，有人认为“开宗明义命其曰美人券，则预谈一般社会之心理，殆皆好德不如好色之人矣”④。虽然这场畸形闹剧最终不了了之，但贪财好色、奢侈享乐的糜烂社会风气并未终止。彩票作为筹集公共建设资金和举办慈善事业的途径未尝不可。但滥发彩票刺激人们的投机心理，往往成为各种势力的敛财之道，又不可避免地毒害了社会风气。

① 论湖北富签票事 [N]. 上海：中外日报，1902-04-10.
② 论彩票大有害于实业 [N]. 上海：中外日报，1903-08-29.
③ 闲评二 [N]. 天津：大公报，1913-01-14.
④ 自由谈话会 [N]. 上海：申报，1913-01-07.